화장실을 부탁해

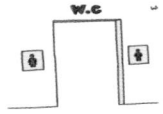

화장실을 부탁해

지은이 구론산바몬드
그린이 루미

1판 1쇄 인쇄 2025년 5월 8일
1판 1쇄 발행 2025년 5월 15일

펴낸곳   홍 림
펴낸이   김은주
등 록   제 409-251002010000027 호
주 소   경기도 김포시 김포한강로4로 420번길 30 한강비즈나인 1509
전자우편 hongrimpub@gmail.com
전 화   0507-1357-2617
총 판   비전북 (031-907-3927)

값은 표지에 있습니다.
ISBN 978-89-6934-057-3 (03900)

ⓒ구론산바몬드 2025
* 이 책 내용의 전부 또는 일부를 재사용하려면 반드시 저작권자와
  홍림 양측의 동의를 받아야 합니다.

화장실을 부탁해

구론산바몬드 지음
루미 그림

홍림

여는글

    대학교 4학년이던 무렵, 돈이 없어 오갈 데 없던 내게 마음씨 좋은 어느 노인이 창고 비슷한 방 한 칸을 허락했다. 열심히 공부해서 성공하라며 방세도 받지 않겠다고 했다. 자신의 살림도 궁핍한 처지에 고학생에게 베푸는 호의가 너무 감사했다. 달리 대안이 없어 염치 불구하고 입주했다.

  방은 나름 아늑했다. 수압은 낮았지만 물도 나왔고, 고장난 보일러가 있었다. 고장 나지 않았더라도 어차피 기름 살 돈이 없었다. 그저 몸 누일 곳이 생겼다는 것에 무한 만족했다. 다만 화장실이 없었다. 그렇다고 크게 문제될 것은 없었다. 소변은 수돗물로 씻어 내렸고, 큰일은 학교에서 해결했다. 간혹 다급한 상황이 생겼을 때는 인근 교회 화장실을 이용했다.

  찬바람 매섭게 불던 3월 어느 날 긴급 상황이 발생했다. 밤 열두 시가 다 되어가는 시각에 소위 '급똥'이 찾아왔다. 화장지를 들고 교회로 달려갔으나 교회 문은 굳게 닫혀 있었고 인적이 없었다. 다급하게 문을 두드렸지만 예수님은 응답하지 않았다. 교회에 다니지 않는다고 벌을 내린 것일까? 괄약근은 이미 인내의 한계점을 지나고 있었다. 별수 없이 어두운 곳을 찾아 골목을 헤맸다. 우리나라는 왜 이렇게 가로등이 많은 것인지 적이한 곳을 찾기가 어려웠다. 더 이상 한 걸음도 뗄 수 없는 지경에 이르러 몸이 바르르 떨렸다. 어느 집 담벼락 그늘에 모든 것을 쏟아내고 뒤를 닦을 새도 없이 달아났다. 다행히 아무도 마주치지 않았다.

그날 밤 화장실의 부재는 내게 지독한 고독감을 안겨 주었다. 도처에 깔린 화장실 중 나에게 허락된 단 한 칸의 화장실도 없다는 사실에 절망했고, 오염된 팬티를 빨며 서러움의 눈물을 흘렸다. 비록 냄새나는 재래식일망정 마음껏 사용할 수 있는 고향 집 변소가 그리웠다. 그 뒤로는 배설 조절에 각별히 신경 썼고, 그해 노상 방뇨는 그때가 처음이자 마지막이다.

나는 70년대에 태어나 무던히도 가난했던 어린 시절을 보냈다. 추운 겨울밤 변소에 가면 문틈으로 들어온 차가운 바람에 배변을 시작하기도 전에 엉덩이부터 싸늘하게 식었다.

그때는 그게 당연한 줄 알았다. 지금은 화장실 두 칸 달린 집에서 살고 있으니 나름 성공했다. 이제 누구에게나 화장실은 옵션이 아니라 디폴트가 되었다. 변소는 화장실이 되었고, 화장실은 스마트 화장실로 진화를 거듭하고 있다. 이제 여러분의 손을 잡고 그 화장실의 세계로 들어가 보려고 한다.

우리는 매일 화장실을 사용한다. 화장실은 집안에, 그리고 거의 모든 곳에 있다. 그래서 화장실은 영화의 조연처럼 잘 보이지 않는다. 그러나 화장실을 통해 세상을 바라보면 곧 알게 된다. 이토록 편리하게 화장실을 사용하기까지 숨겨진 그 농밀한 역사에 우리가 얼마나 큰 빚을 지고 있는지. 스마트 전성시대인 지금도 전 세계 인구의 약 37퍼센트인 29억 명은 인터넷 사용 경험이 전무하다. 마찬가지로 깨끗한 화장실을 경험하지 못한 사람은 전 세계 인구의 5분의 3에 달하는 45억 명에 달한다. 우리가 냄새 때문에 때론 볼일 보는 소리를 감추기 위해 수시로 변기 물을 내릴 때 지구 반대편에서는 여전히 물 부족과 배변의 고통에 시달리고 있다는 사실을 알게 되면 숙연해진다.

화장실은 단순히 볼일을 보는 곳이 아니다. 자연 곳곳에 볼일을 보던 태초부터 최첨단 화장실을 마주한 오늘날에 이르기까지 화장실은 늘 인간의 문명사 그 언저리에 있었다. 이 책에서 그 화장실에 얽힌 내밀한 이야기를 총 5부로 나눠 전한다. 1장에서는 화장실과 관련된 문화 이야기를 다뤘다. 화장실이 우리의 일상과 생각, 정치와 예술에 어떤 영향을 미쳤는지를 고스란히 엿볼 수 있다. 2장에서는 화장실과 관련된 문명사를 다뤘다. 화장실이 어떻게 모습을 바꾸어왔는지, 그리고 오물을 두고 펼쳐지는 이권 전쟁, 정치에 이르는 흥미진진한 이야기가 펼쳐진다. 3장에서는 화장실과 관련된 환경 문제를 다뤘다. 전염병의 창궐과 전쟁, 인류의 위생, 물 부족, 바다 오염에 걸쳐 우리의 배변 활동과 환경 문제를 고민한다. 4장에서는 화장실과 관련된 인권 문제를 다뤘다. 화장실 이면에 숨겨진 남녀 간 성차별, 인종차별, 직장 내 갑질문화, 나아가 장애인 인권 문제를 풀어냈다. 그리고 마지막 5장에서는 화장실의 미래를 다뤘다. 오랜 인간사와 함께 변모해 왔던 화장실이 앞으로 어떤 모습으로, 어떤 의미로 우리 곁에 존재하게 될지 상상해 본다.

인류의 역사를 조금 다른 관점으로 바라보고 싶은 사람, 환경과 인권 문제에 고민하는 사람, 교양 수준을 한 뼘 높여 보고 싶은 사람에게 이 책은 귀중한 의미를 갖게 될 것이다. 생성형 AI가 진짜와 가짜의 경계를 허물어버린 이 최첨단의 시대에 왜 하필 화장실 이야기냐고, 혹 성격 이상한 거 아니냐고 묻는 이가 있다면, 그 책임은 오롯이 궁핍하게 살았던 내 과거에 있다. 팔순의 나이에도 독서를 즐겨하는 장모님은 나의 전작인 『공부 못했던 그 친구는 어떻게 살고 있을까』를 읽고 단 두 문장으로 소감을 밝혔다.

"우리 사위 고생하며 살았네. 근데 왜 똥 싸는 얘기가 이렇게 많아!"

근사한 감상평을 기대했던 내게 장모님은 제대로 뒷통수를 때렸다. 살아온 얘기를 쓰다 보니 본의 아니게 그렇게 됐다. 바닥에 가까운 삶은 원초적 본능과 맞닿아 있다는 게 내 자의적 해석이다. 내친김에 화장실 관련 에세이를 써볼까 하는 망연한 생각을 했다. 동기는 불온했지만 화장실 탐구는 그렇게 시작되었다. 그리고 우리가 일상적으로 누리는 안온한 배변이 있기까지의 지난한 역사가 거대한 인류사와 궤를 같이 한다는 깨달음에 이르렀을 때, 화장실은 배변하는 곳 이상의 그 무엇이 되어

나를 숙연하게 만들었다.

      책을 쓰기 위해 지난 7개월간 화장실 관련 정보를 찾아 헤맸다. 화장실 관련 자료는 많았지만 대부분 단순히 정보를 나열하는 수준에 그쳐 아쉬움이 많았다. 유익한 정보와 비판적 사고에 덧붙여 좀 더 재미있게 읽을 수 있도록 매 꼭지마다 직접 겪었던 화장실 관련 웃픈 에피소드를 담았다. 그런 의미에서 이 책은 나의 부끄러운 일기이자 보편적인 우리네 삶의 단면이기도 하다.

이상한 글감을 흔쾌히 수용하고 글을 완성하도록 격려해 준 홍림출판사 김은주 대표님에게 감사드린다. 전작에 이어 또다시 재치있고 유머러스한 삽화로 본문의 재미를 가미해 준 삽화가 루미 님께도 큰 빚을 졌다. 글 쓰는 내내 성원해준 홍림 가족에게도 고마운 마음을 보낸다. 아울러 오랜 변비의 고통에 시달리고 있는 아내 선영의 쾌유를 빌며 이 책을 바친다.

2025년 5월

양산 자택 화장실에서

구룬산 바몬드

차례

여는 글 | 4

1장 화장실의 진화

1 친절한 귀신 빨간 휴지, 파란 휴지의 전설 | 16
2 낙서의 종말 정신적 배설의 공간 | 21
3 직설적으로 말하세요 소셜네트워크의 원조를 찾아서 | 27
4 예술이 별 건가 소변기가 예술이 될 때 | 32
5 혹시 당근이세요? 화장실 이름의 변천사 | 37
6 백화점 1층에는 화장실이 없다 유료 화장실들의 변명 | 45
7 1달러면 충분해 소통의 기술 | 50
8 명문이 되려면 맛집의 조건 | 54
9 삼천포는 왜 서태지의 집을 털었나 최초의 수세식 변기를 찾아서
　| 60
10 요강의 추억 생로병사를 함께한 반려 | 66

2장 문명과 함께한 화장실

11 네이버에 매너를 물었더니 하이힐의 쓸모 | 74
12 슈퍼맨은 왜 망토를 두를까 토일렛의 기원 | 80
13 큰 힘엔 큰 책임 노상 배변의 이유 | 84
14 정로환의 정체를 아세요? 똥과 함께한 전쟁사 | 89
15 더러운 사람들 목욕에 관한 다양한 발상들 | 96
16 주윤발과 두월생 인분 사업을 아시나요? | 103
17 주먹 대신 오물 탑골공원산 분뇨 | 109
18 권력의 맛 건강의 바로미터, 배변 | 112

3장 화장실과 환경 문제

19 이발과 슬러지 처음으로 돌아가는 건 어려워 | 118
20 변기 물통 속의 벽돌들 양변기는 물먹는 하마 | 123
21 환경정화원과 녹색수거차 인분 수거의 변천사 | 127
22 전쟁보다 강한 바이러스 콜레라에서 코로나19까지 | 132
23 당신의 손은 깨끗한가요 '세계 손씻기의 날'이 있는 이유 | 138
24 오줌의 쓸모 구강세정제에서 염색제까지 | 142
25 역린을 건드리면 바다를 지켜줘 | 148

4장 똥과 인권

26 배후 공간이 필요해 홀로 있고 싶어요 | 156
27 흡연자를 찾아서 인권은 어디에 | 162
28 여자라서 행복해요? 남녀 화장실 이용시간: 대기줄이 갖는 함의 | 167
29 커튼은 벽이 아니에요 위생과 노동력이 발화시킨 화장실 프라이버시 | 171
30 때로 수치심은 사치다 빅토리호의 유산 | 176
31 국가안보를 위해 채변의 추억(?) | 180
32 같은 색 소변 차별의 질긴 생명력 | 184
33 야반도주의 공로 문명국의 척도, 공중화장실 | 188
34 있어야 할 것이 없을 때 문 없는 화장실의 속사정 | 194
35 제3의 선택지를 찾아서 '모두를 위한 화장실' | 201
36 화장실 좀 다녀와도 될까요? 인분 아파트 건설노동자의 호소 | 207

5장 변신하는 화장실

37 신토불이身土不二 차세대 변기, 스마트 화장실을 향해 | 216
38 그때 그 시절 듣기평가와 화장지 장수 | 222

39 신문지는 이제 안녕 화장지의 대중화 | 225
40 인류세人類世의 흔적 명태 아니고 생태 | 232
41 창문을 넘어 옴니프로세서 물과 후쿠시마 오염수 | 238
42 산장소행 세계 최초 달 위에서 소변을 본 사람은? | 242
43 데몰리션맨과 걸리버가 경험한 세상 미래의 화장실 | 249

참고 문헌 | 255
참고 사이트 | 256

화장실이라는 이름은 세면기와 변기,
욕조를 가진 아파트가 지어지면서
대중적으로 사용되기 시작했다.
해방 이후 지어진 최초의 아파트는
1958년에 완공된 '종암아파트'다.
우리나라 기업의 독자 기술로 시공했고,
수세식 변기를 갖춘 최초의 아파트였다.

1장

화장실의 진화

1
친절한 귀신
빨간 휴지, 파란 휴지의 전설

화장실이 변소로 불리던 시절, 변소에 귀신이 출몰한다는 이야기는 어린 나에게 사실인 것으로 각인되었다. 귀신의 모습에 대한 구체적인 묘사를 들은 바는 없어도 당시 인기리에 방영되던 KBS의 드라마 〈전설의 고향〉 덕분에 귀신은 머리를 풀어헤치고 입가에 피를 흘리는 여자라는 것으로 정형화되어 있었다. 한 가지 특이한 것은 변소 귀신이 항상 질문을 던진다는 것이었다.

"빨간 휴지 줄까, 파란 휴지 줄까?"

그래서 가급적 밤에는 변소를 가지 않으려 했지만, 사람 일이라는 게 마음대로 되지 않는 법이니 어쩔 수 없는 경우가 곧잘 있었다. 그럴 때는 기역 자 모양의 회색 군용 손전등을 꼭 지참했다. 손전등을 손에 꽉 쥐고 귀신이 나타나면 후려칠 준비를 했다. 변소에는 왜 꼭 희미한 전등을 달았는지 지금도 이해가 되지 않는다. 어쨌든 밤의 변소는 말만 들어도 누구나 벌벌 떤다는 남영동 대공분실보다도 더 무서운 곳이었다.

일찍 개량된 화장실이 생겨난 서양 역시 화장실에 나타나는 망령 혹은 악령 이야기는 더러 전해진다. 일본이나 동남아시아에도 죽음의 경계를 완전히 넘지 못한 악귀나 요괴가 변소에 출몰하는 이야기가 있다. 변소에 사느니 차라리 죽는 게 낫다 싶은데, 영혼은 그렇지 않은가 보다. 그런데 외국의 경우에는 귀신이 주로 사람을 괴롭히거나 해치는 형태로 나타난다는 점에서 우리나라와는 결이 많이 다르다. 특히 빨간색 혹은 파란색 휴지를 택일하라는 이야기처럼 특정 물건을 건네주는 유익한 귀신은 오로지 우리나라에만 있다.

귀신보다 귀신이 휴지를 주려고 한다는 데 방점을 찍어 생각하면 그 귀신은 무척 친절하다고 볼 수 있다. 대부분 가정이 변소에서 신문지를 찢어 사용하던 시절이었던만큼 귀한 휴지를 준다는 건 크나큰 은혜가 아닐 수 없다. 물론 귀신을 만나고 싶지 않다는 생각이 앞선 까닭에 그런 질문을 받으면 어떤 색을 고를까에 대해 고민해 본 적은 없다.

　수많은 색깔 중에서 귀신은 왜 하필 빨간색과 파란색이라는 선택지를 주었을까? 전통적으로 우리 머릿속에서 대립되는 두 가지 색은 파란색과 흰색이다. 운동회에선 항상 청군과 백군이 경쟁했고, 깃발을 들고 하던 놀이는 '청기 올려, 백기 올려'였다. 일설에 의하면 본래 전쟁을 상징하는 색깔은 붉은색과 흰색이라 한다. 그 기원은 영국이다.

　　1455년에서 1485년까지 대략 30년간 왕권을 둘러싸고 영국의 랭커스터 가문House of Lancaster과 요크 가문House of York 사이에 내전이 있었다. 랭커스터 가문의 문장紋章은 붉은 장미, 요크 가문의 문장은 흰 장미였던 탓에 이 전쟁을 일명 '장미전쟁Wars of the Roses'이라 부른다. 전쟁 혹은 분쟁의 상징이 홍백전紅白戰이 된 것은 여기에서 비롯된다. 이것이 일본을 거쳐 우리나라에 들어오면서 청백전青白戰으로 바뀌었는데, 그건 붉은색이 소위 빨갱이를 상징한다고 본 때문이다. 시절이 바뀌어 이것도 케케묵은 이야기가 되었다. 보수당의 상징이 붉은색이 되고 진보당의 상징이 푸른색이 된 우리나라 정치판을 보면 격세지감을 느끼게 된다. 홍백도 아니고 청백도 아닌 붉은색과 파란색에 대해 또 다른 해석을 덧붙이자면, 우리나라의 농경문화 때문이 아닐까 한다. 붉은색은 빛을 상징하고 푸른색은 물을 상징한다. 따라서 농사에 이로운 태양이 비추고 가뭄을 해소할 수 있는 비가 내리길 바라는 의미가 담겨 있다고 볼 수도 있다. 하지만 이는 농경사회였던 우리나라의 사정을 빗대 다소 억지스럽게 해석한 측면이 있다.

빨간색과 파란색 둘 중 하나를 고르는 것은 비단 우리나라에만 국한된 이야기가 아니다. 1999년에 개봉되어 우리에게 강렬한 인상을 남긴 영화 '매트릭스 The Matrix'에 유사한 이야기가 나온다. 모피어스는 주인공 네오에게 빨간 약과 파란 약을 제시하며 선택의 기회를 준다. 빨간 약을 먹으면 매트릭스 속에서 지금껏 살아온 대로 현실에 안주하고 편안하게 살되 진실과 멀어지게 되고, 파란 약을 먹으면 매트릭스라는 거대한 진실을 알게 되며 진정한 인간이 되기 위한 투쟁의 길에 들어서게 된다.

잠시 고민하던 네오는 파란 약을 먹는다. 그 대가로 개고생하다 결국 죽는다.

  지금은 깨끗한 수세식 화장실만을 사용하므로 귀신을 만날 일은 거의 없다. 거의 없다고 한 이유는 수세식 화장실이라고 귀신이 나타나지 말라는 법은 없기 때문이다. 2022년에 영국 부커상 인터내셔널 후보에 올랐던 작가 정보라의 『저주토끼』에 실린 단편 〈머리〉에 화장실 귀신 비슷한 인물이 등장한다. 엄밀히 말하면 귀신은 아니다. 주인공 여자의 배설물을 받아먹고 변기 속에서 자란 일명 '머리'가 온전하게 성장한 뒤 주인공을 변기에 넣고 물을 내리는 것으로 소설은 끝난다. 수세식 변기에 사람을 어떻게 집어넣을 수 있는지 그런 세부적인 묘사는 없다. 그냥 시종일관 기괴한 이야기다. 읽고 나면 화장실 가기 싫어진다.

  아무튼 시골 변소에서든 수세식 화장실에서든 귀신을 만나면 두려워하지 말자. 휴지 색깔을 선택하라는 질문에 깊이 있는 고민도 하지 말자. 정답이 있는 게 아니다. 컬러 감각까지 갖춘 친절한 귀신이려니 생각하고 그냥 아무거나 달라고 하자. 수능형 오지선다형 문항에 비하면 얼마나 쉬운가. 이도 저도 싫다면 이렇게 말하면 된다.

    "니 입가에 피나 닦으셔!"

2
낙서의 종말
정신적 배설의 공간

초등학교 6학년 때였다. 화장실을 다녀온 여학생 한 명이 교실 책상에 엎드려 펑펑 울기 시작했다. 영문을 모르는 우리는 그저 쳐다보기만 했다. 나중에 교실로 들어온 선생님이 까닭을 묻자 우는 아이 옆에서 등을 토닥거려주던 다른 여학생이 대신 말했다. 화장실에 '○○ 방유 크다'라고 적혀 있었다는 것이다. 누군가가 유방을 거꾸로 써놓은 것이었다. 방유는 커녕 유방이라는 말도 몰랐던 나는 그게 왜 눈물샘을 자극했는지 알 길이 없었다. 친구들이 주고받는 말로 대충 분위기만 파악했다.

당시 학교 화장실은 재래식이었다. 게다가 남녀가 공용으로 사용했다. 남학생들이 벽을 향해 오줌을 갈기고 있으면 그 뒤로 여학생들이 수시로 드나들었다. 부끄러운 줄도 몰랐다. 가끔 화장실에서는 여학생의 비명소리가 들리곤 했다. 짓궂은 남학생이 화장실 뒤로 돌아가 창문으로 엿보다 들켰기 때문이다. 지금은 성희롱에 학교폭력으로 처분해도 모자랄 일이지만 대부분의 여학생들은 그냥 선생님에게 일러바치는 것으로 끝이었다. 선생님도 남학생의 머리를 몇 번 쥐어박을 뿐 달리 제재를 가하지 않았다.

남학생과 여학생이 변소를 공유했기에 남학생들이 남긴 낙서는 모두에게 노출되었다. 누가 누구와 사랑하는 사이라는 등 실제 알게 된 사실을 적시한 낙서도 많았지만, 대부분의 경우 그저 좋아하는 이성의 이름을 빌어 휘갈긴 것이었다. 낙서에 등장하는 학생은 자신의 이름을 지우개로 지우거나 연필로 검게 칠하는 것으로 소극적인 방어를 했다. 나는 존재감 없는 학생이었던 탓에 내 이름이 등장한 적은 없었다. 딱 한 번 내 이름이 구석에 적힌 적이 있다. 내가 적은 거였다.

킨제이 보고서 중 1948년에 먼저 발간된 《남성의 성행

동》에 공중화장실의 낙서에 대한 기록이 있다. 여자 화장실에 있는 낙서의 50퍼센트, 남자 화장실에서는 낙서의 58퍼센트가 성적인 내용을 담고 있다고 한다. 여자 화장실은 상대적으로 낙서의 양이 적고 주로 연애를 고백하는 로맨틱한 내용이 많은 반면 남자 화장실에는 외설적인 낙서가 많다고 되어 있다. 킨제이의 저작은 조사 표본의 선정이나 윤리적 측면 등에서 신뢰할 수 없다는 비판을 받고 있으나 화장실의 낙서에 관한 내용은 다분히 일리가 있다고 본다.

화장실에 낙서를 하는 이유로 정신적 배설을 하는 것이라는 주장도 있다. 배설을 함으로써 생리적 해방감을 맛보고, 낙서를 함으로써 정신적 해방감도 동시에 느낀다는 것이다. 실로 낙서의 역사는 길다. 원시인들이 동굴 벽에 남긴 그림을 예술이 아닌 낙서로 보는 연구도 있다. 로마나 폼페이의 고대 도시에는 정치적이거나 사회적인 내용의 낙서가 많이 있었다. 특히 로마에서는 그림이나 시를 적은 낙서가 많아 신들을 묘사한 벽화를 그려 낙서를 막았다는 기록이 있다. 신의 모습을 훼손하는 것은 심각한 법 위반 행위였기 때문이다.

1990년대 대학교의 화장실은 유독 많은 낙서로 뒤덮

였다. 외설적인 내용도 많았지만 정치적 구호나 신념을 피력한 것도 많았다. 한 가지 특이한 현상은 누군가의 글에 댓글을 남기는 형식의 낙서가 많았다는 것이다.

신은 죽었다 : 니체
ㄴ 니체, 너 걸리면 죽었다 : 신
ㄴ 너희 둘 다 죽었다 : 청소 아줌마

속보! 이순신 사망!
ㄴ 알리지 말라 일렀거늘

개새끼나 한 마리 키우고 싶다
ㄴ 강아지라고 해야 하는 거 아닌가
ㄴ 강아지나 개새끼나
ㄴ 강아지한테 개새끼라고 하면 기분 개 같을 걸

화장실의 낙서는 20세기에 들어와 눈에 띄게 줄어들었다. 문화적 소양이 높아진 것도 있겠지만 주된 이유는 각종 SNS의 등장으로 정신적인 배설을 할 공간이 많아졌기 때문이라는 것이 설득력 있는 주장이다. 깨끗한 화장실 벽은 우리에게 시각적 쾌적함을 선사하지만, 그 옛날의 낭만과 추억을 거두어 갔다. 화장실 낙서는 분명 시대에 대한 저항이자 불안한 미래에 대한 자조의 목소리였으며, 성적 욕망의 해방구였다.

"울지마, ○○야. 너 가슴 안 커."

'방유 크다'라는 화장실 낙서 때문에 대성통곡했던 친구 곁에서 위로해주던 여학생의 이 말이 어렴풋이 기억난다. 그게 위로인지 2차 가해인지 지금도 모르겠다.

3
직설적으로 말하세요
소셜네트워크의 원조를 찾아서

군대를 경험한 적 없는 사람은 군인들이 매일 훈련만 받는 줄 안다. 물론 훈련도 받는다. 지금은 달라졌는지 모르겠지만 내가 군 복무를 할 당시 일상은 '노가다'였다. 진지 내에서는 1년 내내 공사가 이어졌다. 멀쩡한 계단을 부수고 다시 만들고, 튼튼한 벽을 허물고 다시 세우는 등 군 간부들은 어떻게든 병사들이 피땀을 흘리게 했다. '노가다'를 쉬는 날은 비 오는 날 정도였다.

비가 오면 우리는 내무반에 집결하여 소위 정신교육을 받았다.

주로 반공정신을 고취하는 내용이었던 걸로 기억한다. 한 날은 중대장이 직접 교육을 실시했는데, 그는 집결한 군인들에게 간단한 질문을 던지는 것으로 강연을 시작했다.

"제군들! 우리의 적은 누구인가?"

'제군들'은 아무도 대답을 하지 않았다. 침묵이 이어지자 그는 앞에 앉아 있는 이등병을 지목했다. 입대 전 대학에서 제법 과격한 데모를 했다던 신병이었다. 과연 그의 대답은 예상을 빗나가지 않았다.

"네! 우리의 적은 미국입니다!"

순간 중대장의 얼굴에 살짝 당황한 기색이 엿보였다. 표정이 한껏 일그러진 중대장이 이번에는 어느 나이 많은 일병의 이름을 불렀다. 대학원을 다니다가 뒤늦게 입대한 그는 한 치의 망설임도 없이 씩씩하게 대답했다.

"네! 우리의 적은 우리 자신입니다!"

역시 가방끈 긴 놈은 생각하는 것도 다르구나 싶었다. 주위를 둘러보니 모두 고개를 끄덕이며 그의 철학적 고견에 동의를 표하고 있었다. 이런 우리의 반응과는 달리 중대장은 얼굴이 샛빨개져 책상을 내리쳤다.

"야! 모두 연병장으로 나가 대가리 박아!"

공중화장실에 가면 벽에 다양한 문구의 스티커를 볼 때가 있다. 오래전에는 '돈 빌려드립니다' 또는 '장기 삽니다'와 같은 살벌한 전단이 덕지덕지 붙어 있었는데, 언제부터인지 아주 저명한 지식인의 명언이 그 자리를 차지했다. 지금도 화장실에 가장 최적의 문구로 회자되는 데일 카네기의 명언이 있다.

'큰 일을 먼저 하라. 작은 일은 저절로 처리될 것이다.'

리더십과 인간관계를 강조했던 자신의 말이 이토록 왜곡되어 화장실에 걸릴 줄 카네기는 알았을까? 어쨌든 맞는 말이긴 하다. 큰 걸 싸면 작은 건 따라 나온다.

기업에서는 화장실을 회사 경영과 관련된 소통의 수단으로 많이 활용하기도 한다. 회사의 경영 전략이나 최고경영자의 메시지를 인쇄해 화장실 내 곳곳에 붙여둔다. 볼일을 보는 시간까지 회사의 일원이기를 강요하는 것 같아 씁쓸하기는 하다. 그러나 화장실에 머무는 시간에 비해 그만큼 주목도가 높아 효과가 크다고 한다.

최근에는 명언보다 공익성 문구가 많아졌다. '아름다운 사람은 머문 자리도 아름답습니다', '저를 깨끗이 사용하시면 오늘 본 것을 평생 비밀로 하겠습니다', '다음에 다시 이곳에 오면 나도 다음 사람이 됩니다' 등 수준 높고 고상한 문구도 있다. 반면 '남자가 흘리지 말아야 할 것은 눈물만이 아닙니다'는 성차별이라는 비판을 받고 퇴출되었다. 군대식 어법도 있다. '정중앙 조준! 준비된 사수 사격 개시! 바닥에 흘린 탄피 유무 확인!' 이런 걸 보면 군대에서 개고생했던 추억이 떠오르며 바닥에 탄피를 더 흘리고 싶은 충동이 인다. 중국에는 '여기에 쓰레기를 버리는 자는 자식이 끊어지고 자손이 멸하리라'는 무서운 문구가 있다.

SNS에 올린 글이 논란이 되자 해명성 글을 올리는 연예인이나 정치인을 많이 본다. 말도 많고, 의도하지 않은 방향으로 해석하는 사람도 많다. 완곡어법도 좋지만, 때론 직설적인 화법이 오해도 적고 효과적이기도 하다. '볼일 본 후 물을 내려주세요' 나

'화장실을 깨끗하게 사용합시다'는 밋밋하긴 하지만 그 뜻은 왜곡됨 없이 전달되지 않을까. 전적으로 내 생각이다.

    중대장의 분노 게이지가 한껏 높아진 그 날, 우리는 한 시간여 연병장에서 굴러야 했다. 중대장은 우리의 주적이 북한임을 확실히 각인시킨 후에도 화를 삭이지 못했다. 질문을 하지 말고 차라리 그냥 말했으면 오죽 좋았을까. 비에 쫄딱 젖어 헐떡거리던 우리에게 주적은 북한이 아니었다. 중대장을 분노하게 만든 이등병과 일병이었다.

4
예술이 별건가
소변기가 예술이 될 때

요즘에도 초등학생들에게 방학 숙제라는 게 있는지 모르겠다. 내가 초등학교를 다닐 때는 방학 숙제가 꽤 많았다. 생활계획표 작성에 매일 써야 하는 일기는 기본이었다. 제법 두툼한 《방학생활》이라는 책도 있었다. 그 책에는 매 꼭지마다 자료를 조사해 작성해야 하는 과제가 있었다. 인터넷이 없던 시절이니 이게 만만치 않았다. 문방구에서는 방학생활 답안을 팔기도 했는데, 사서 볼 여력이 없어 간신히 친구의 것을 빌려 베끼곤 했다. 그 외에도 독후감이나 그림 그리기, 곤충 채집, 조개껍데기 수집 등 갖가지 숙제가 많았다.

   무엇보다 곤혹스러운 숙제가 만들기였다. 무언가를 만들긴 해야 하는데 좀체 아이디어가 떠오르지 않았다. 방학이 끝날 무렵, 아버지에게서 단서를 찾았다. 당시 아버지는 흡연을 했는데, 어머니는 그게 마뜩지 않았는지 자주 잔소리를 했다. 담배에 니코틴과 타르 등 해로운 물질이 잔뜩 들어있다는 것은 학교에서 배운 터였다. 고심 끝에 해롭지 않은 담배를 만들기로 했다. 그건 전적으로 효심의 발로였다.

   먼저 마당에 굴러다니는 회색 파이프 하나를 5센티미터 길이로 잘랐다. 지름은 대략 2센티미터 가량 되었다. 그리고 이불에서 삐져나온 솜뭉치를 파이프에 채워 넣었다. 솜이 무엇으로 만든 것인지는 몰랐지만, 어쨌든 니코틴이나 타르는 들어있지 않을테니 해롭지는 않을 거라 생각했다. 그걸로 숙제는 끝났다. 겨우 초등학교 3학년인 내가 흡연으로 건강을 해치는 난제를 해결했다는 자부심을 느꼈다.

   방학 숙제 검사를 무난히 통과했다. 선생님은 별 말이 없었다. 4학년 때도, 5학년 때도 나는 같은 물건을 만들어 방학숙제로 제출했다. 역시나 아무 말이 없었다. 그런데 6학년 담임 선생님은 달랐다. 다른 학생이 스티로폼과 나무젓가락을 잘라 만든 모형 비행기와 내 담배를 비교하며 크기도 작고 성의 없는 숙제를 했다고 화를 냈다. 숙제를 다시 하라고 했다.

어린 마음에도 수긍할 수 없었다. 모형 비행기는 모형일 뿐 아무 도움이 되지 않는다. 반면 내가 만든 무해한 담배는 흡연자의 건강 증진을 돕는 인류애의 발로가 아닌가. 반항기가 발동했다. 집에 돌아와 더 큰 파이프를 찾았다. 크기가 작다고 해서 지름도 길이도 두 배로 만들었다. 성의가 없다고 해서 온갖 정성을 다해 솜을 채워 넣었다. 선생님은 반항하는 거냐며 그 기발한 발명품을 집어 던졌다. 그리고 1주일간 화장실을 청소하라고 했다.

역사는 반복된다고 했던가. 혁신적인 내 발명품이 선생님에게 무시당한 때로부터 67년 전인 1917년에도 그와 비슷한 일이 일어났다. 20세기 미술사에서 가장 영향력 있는 미술가 중 한 명으로 손꼽히는 마르셀 뒤샹의 유명한 일화가 그것이다. 그는 뉴욕의 한 상점에서 남성용 소변기를 구입해 뉴욕 독립미술가협회 전시회에 출품했다. 어떠한 변형도 가하지 않은 있는 그대로의 남성용 소변기였다. 뒤샹이 한 거라고는 고작 소변기 옆면에 'R. Mutt 1917'이라고 가명을 적은 것뿐이었다.

협회의 조직위원회는 뒤샹의 작품을 예술이 아니라고 판단하고 전시장 한구석으로 치워버렸다. 사실 뒤샹은 작품 심사위원 중 한 명이었고, 심지어 위원장이었다. 그는 그것이 자신의 작품이라고 밝히지 않은 채 다른 위원들의 혹독한 평가를 즐겼다고 한다. 그 소변기는 쓰레기인 줄 알고 치워져 지금은 존재하지 않는다. 이후 그의 작품에 대한 평가가 달라졌을 때, 그는 17개의 복제품을 추가로 만들었다.

그때만 하더라도 예술이란 예술가의 손을 거쳐 무언가를 만들어야 한다는 암묵적인 원칙이 존재했다. 뒤샹이 이 작품을 통해 말하고 싶었던 건, '예술에서 중요한 것은 대상을 만드는 것이 아니라 개념을 만드는 것'이었다. 기성 제품도 작가의 선택에 의해 어떤 주제와 의식을 불어넣으면 독립된 하나의 작품이 될 수 있다는 혁명적 제안이었다. 기존 미술에 대한 도전, 곧 '레디메이드Ready-made'의 시작을 알리는 작품이었다.

이제는 소변기를 넘어 화장실 자체가 예술작품이 된 시대가 되었다. 뉴질랜드의 작은 마을 카와카와Kawakawa에는 독특한 공중화장실이 있다. 오스트리아 빈 출신의 세계적인 건축가이자 예술가인 프레드릭 훈데르트바서Hundertwasser가 예술적 영감을 불어넣어 설계한 작품이다. 곡선으로 처리된 벽, 풀이 자라는 지붕, 이국적인 세라믹 기둥과 재활용 와인병을 벽에 박아 빛이 스며들어오게 만든 창문 등 자연과의 조화와 환경 친화를 우선시한 그의 건축 이념이 고스란히 담겼다. 지금은 줄을 서서 기다려야 할 정도로 많은 관광객이 몰리는 전 세계적인 관광명소가 되었다.

나의 작품 '무해한 담배'를 집어던진 담임 선생님은 예술을 모르는 분이라고 생각한다. 아무런 가공도 하지 않은 마르셀 뒤샹의 소변기보다 내가 만든 무해한 담배에는 실용적 가치가 담겨 있지 않은가. 선생님은 레디메이드를 알아야 했다. 현재 전 세계적으로 남성 사망의 약 16퍼센트, 여성 사망의 약 7퍼센트가 흡연으로 인한 것으로 추정된다고 한다.

5
혹시 당근이세요?
화장실 이름의 변천사

종종 국민 직거래 앱 '당근'으로 소소한 물건을 팔고 산다. 거래에 합의가 이뤄지고 물건을 들고 약속장소에 나가 있으면 누군가 다가와 묻는다. "혹시 당근이세요?" 그 순간 내 이름은 당근이 된다. 대답하기가 머쓱해진다. 간혹 당근 채팅에서 대화가 이상하게 흐르기도 한다. 이를테면 대화가 잘 진행되는 듯하다가 대뜸 반말이 날아와 당황하게 만드는 거다.

"너는 여기로 와서 나를 만나라."

> "왜 갑자기 반말이신지요?"
> "나는 외국인이다. 너는 나에게 와야 한다."

외국인이 구글 번역을 그대로 붙여넣으면서 빚어지는 촌극이다. 실제로 여러 번 겪었다. 외국인이 아니어도 독특한 화법으로 대화를 불편하게 하는 사람이 있다. 모 중학교에서 같이 근무한 선생님이 그랬다.

그의 화법은 두 가지 특징이 있었다. 우선 상대방의 이야기에 너무 적극적으로 공감을 표한다는 것이다. 그는 상대방의 말에 "네, 맞습니다.", "당연하죠.", "옳은 말씀입니다." 등의 추임새를 넣는데, 이게 처음에는 말하는 이의 기운을 북돋운다. 문제는 추임새가 한두 번에 그치지 않고 쉴새 없이 이어져 말을 방해한다는 것이다. 때로는 하고 싶은 말을 시작하지도 않았는데 추임새가 날아와 화자를 당혹케 하기도 한다.

그의 두 번째 특징은 습관적으로 '쉽게 말해서'란 말을 붙인다는 것이다. 초등학생도 알아들었을 정도로 쉽게 말한 것 같은데도 굳이 부언을 한다. 가령 이런 식이다.

> "학생들이 교복을 잘 안 입습니다. 쉽게 말해서 복장이 불량합니다."

'쉽게 말해서' 앞에는 좀 어려운 말이 오고 뒤에는 쉬운 말이 와야 하는데 종종 앞뒤가 바뀌기도 한다.

> "요즘 학생들은 자기 일에만 신경을 씁니다. 쉽게 말해서 각자도생입니다."

화법만큼 중요한 것이 명명이다. '쉽게 말해서' 이름 붙이기다. 사물의 특징을 보고 이름을 짓기도 하지만, 이름이 그 사물에 대한 편견을 심어주기도 한다. 그래서 명사는 신중하게 만들어야 한다. 화장실을 일컫는 이름의 경우가 그러하다. 화장실은 나라와 시대에 따라 다르게 불렸다.

우리나라의 경우 화장실은 오래전부터 '뒷간' 또는 '측간'이라고 불렸다. 뒤쪽이나 옆에 있는 공간이라는 뜻이다. 그 외에도 '칙간', '정낭', '북숫간', '통숫간', '잿간', '회간', '똥구당', '통시', '해우소' 등 다양한 이름이 있었다. 일제강점기에는 일본어의 영향으로 '변소便所'라 했다. 변을 보는 곳이라는 의미와 편안해지는 곳이라는 두 가지 해석이 가능하다.
우리나라에서 '화장실'이라는 단어가 언제부터 사용되었는지는 정확하지 않다. 화장실은 말 그대로 얼굴을 예쁘게 꾸미는 방이라는 뜻으로 여성을 위한 공간이라는 의미가 엿보인다. 일본어식 표현을 차용했을 가능성이 큰 것으로 보는데, 실제의 용도를 반영한 이름으로 보기는 어렵다.

화장실이라는 이름은 세면기와 변기, 욕조를 가진 아파트가 지어지면서 대중적으로 사용되기 시작했다. 해방 이후 지어진 최초의 아파트는 1958년에 완공된 '종암아파트'다. 우리나라 기업의 독자 기술로 시공했고, 수세식 변기를 갖춘 최초의 아파트였다. 아파트 준공식에 이승만 대통령이 참석해 축사를 했는데, 이때 화장실이라는 단어를 썼다.

같은 영어권 문화를 가진 나라에서도 화장실을 부르는 명칭은 제각각이다. 대표적인 단어가 'toilet'인데, 엄밀하게 말하면 화장실이 아니라 변기를 뜻하는 표현이다. 화장실로 통용은 되지만 격식이 필요한 자리에서는 잘 사용하지 않는다.

공공장소에 있는 화장실은 주로 'restroom'이라고 하고, 가정 내에 있는 화장실은 'bathroom'이라고 한다. 'washroom'이라고도 한다. 비행기나 배, 기차 내에 있는 화장실은 'lavatory' 또는 줄여서 'lav'라는 단어를 사용한다. 필리핀에서는 편한 곳이라는 뜻으로 'Comfort Room', 줄여서 'C.R'을 쓴다. 흔히 아는

'W.C.'는 'water closet'의 약자로, 물을 사용하는 작은 공간이라는 뜻이다. 주로 영국에서 사용한다.

'파우더 룸powder room'이라는 용어도 있다. 유럽의 귀족들이 가발에 밀가루를 뿌리기 위해 만들어 놓은 전용 방에서 유래했다. 가발의 역사는 길다. 여러 유적지에서 가발을 쓴 미라가 출토되는데, 그중 가장 오래된 것은 기원전 3400년 경 고대 이집트 나일강 서쪽에서 번창한 도시 히에라콘폴리스에서 출토된 여성 미라다. 고대 이집트인들은 위생 관념이 철저해서, 머릿니를 막기 위해 남녀를 불문하고 머리를 짧게 깎거나 아예 밀어 버렸다. 다만 뜨거운 햇볕이 문제였는데, 두피를 보호하기 위해 착용한 것이 가발이었다.

5세기에 종교적 문제로 사라졌던 가발은 16세기 이후 다시 유행하기 시작했다. 중세 1천 년의 도덕적 억눌림에 대한 반발로 성적 문란과 타락이 일면서 매독을 유행시켰는데, 매독이 피부 발진과 반점, 탈모를 동반한 것이다. 당시 풍성한 머리카락은 건강과 권위의 상징이었으며, 정상적인 탈모도 성병으로 오인되어 이미지를 훼손할 우려가 컸다.

이른 나이부터 탈모가 진행된 루이 13세와 14세가 가발을 쓰기 시작하면서 프랑스 모든 귀족과 상류층 사이에도 가발이 유행하게 되었다. 특히 남자 가발은 흰색이 대세였고, 권위와 지성을 상징한다고 여겼다. 그래서 흰색을 내기 위해 밀가루를 뿌렸는데 밀가루를 뿌리는 작은 방을 따로 두고, 이 방에는 가루 묻은 손을 씻기 위한 물그릇과 변기의자도 두었다. 이곳을 '파우더 클라짓power closet'이라고 불렀다. 이후 용변까지 볼 수 있는 복합적인 공간으로 변화했다.

아, 화장실 용어가 너무 많고 복잡하다. 외국을 여행하면서 똥줄 탈 땐 이것저것 재지 말고 그냥 아무 용어나 사용하면 된다. 일단 싸고 볼 일이다.

충청남도 금산군에는 보석사라는 아담한 절이 있다. 신라 헌강왕 12년866년에 창건된 유서 깊은 절이다. 사찰 내 연못 옆으로 작은 건물이 있는데, 여기에 '다불유시多不有時'라는 팻말이 걸려있다. 억지로 해석하자면, '시간은 있으되 많지 않다'는 뜻이다. 깊은 철학적 의미를 담고 있지는 않다. 글자 그대로 다불유시, 즉 W.C.다.

이름은 우리의 발산적 사유를 가두기도 하고 소중한

의미를 부여해 대상을 인식하게도 한다. 김춘수 시인의 시구처럼 우리가 무언가에 이름을 지어 불렀을 때 그것은 우리에게 의미 있는 존재가 된다. 오랜 기간에 걸쳐 뒷간은 변소가 되고, 변소는 화장실이 되었다. 저마다의 이름에 담긴 시대상과 역사를 읽을 수 있다.

지금 화장실은 본래의 기능을 넘어 혁신의 단계에 들어섰다. 화장실 건축은 단위면적당 공사비가 가장 많이 들어가고, 건축물 수준을 판단하는 척도가 되었다. 이런 변화에 적확한 이름이 생겼으면 좋겠다.

6
백화점 1층에는 화장실이 없다
유료 화장실들의 변명

우리나라는 천국이다. 배달 천국이고 화장실 천국이다. '김밥천국'도 있다. 길거리엔 무료로 이용할 수 있는 공중화장실이 즐비하고, 어지간한 상가에는 화장실이 개방되어 있다. 온전한 정치적 자유는 아직 요원한데 배변은 너무나 자유롭다. 이런 이유로 해외여행을 다녀온 사람들은 모두 애국자가 된다. 특히 백화점에서 화장실을 이용할 때면 그 쾌적함에 놀라곤 한다. 은은한 향취에 고급 화장지와 깨끗한 변기, 구강 청결제에 심지어 소파까지 놓인 곳도 있어 화장실이라고 믿기 힘들 정도다.

그 안락함에 차라리 거기서 살고 싶은 생각까지 든다. 한 가지 이상한 점이 있어 검색해 보니 나만 그런 생각을 한 건 아닌 모양이다. 백화점 층마다 갖추어진 화장실이 유독 1층에는 없다. 이건 고객을 더 오래 머물게 하기 위한 백화점의 영업 전략이라 한다. 주로 1층에는 여성의 눈길을 사로잡아 충동구매를 불러일으키는 명품, 향수, 화장품, 보석류 등을 배치한다. 화장실을 사용하기 위해서는 2층이나 지하 1층으로 가야 하는데, 그 이동 동선에서 더 많은 매장과 제품을 보도록 유인한다. 화장실 배치를 이용해서까지 고객의 지갑을 열게 하는 백화점의 판매 전략은 치밀하다 못해 사악하다.

사실 미국을 비롯한 유럽 대부분의 선진국에서 화장실은 유료로 운영되고 있다. 화장지를 제공하는 경우 추가 요금을 내기도 한다. 유료 화장실 운영 형태는 제각각인데, 관리인이 직접 요금을 수납하는 방식과 키오스크를 이용하거나 동전을 투입해야 열리는 화장실이 있다. 이용 시간은 주로 최대 20분이고, 요금은 대략 300원에서 2,500원 정도까지 다양하다. 물론 모든 화장실이 유료인 것은 아니다. 미술관이나 박물관 등에서는 무료로 이용할 수 있고, 프랜차이즈 식당이나 카페에서 음식을 구매한 경우 무료로 이용할 수도 있다.

　유럽 선진국에서 유료로 화장실을 운영하게 된 기원은 중세시대로 거슬러 올라간다. 그때 도시들은 위생 상태가 매우 열악했다. 종교적인 이유로 인간의 배설물이 더럽고 불결하다는 인식이 팽배하여 고풍스러운 건물에는 화장실을 설치하지 않았다. 배설은 후미진 곳이나 정원, 인적 드문 길에서 이루어졌다.

　왕을 비롯해 5,000명 이상이 기거했다는 베르사유 궁전에도 이런 이유로 화장실이 없다. 궁전을 방문하는 귀족들은 휴대용 변기를 사용했다. 하인은 변기를 궁전 정원의 으슥한 곳에 비웠다. 물론 정원 곳곳에 직접 용변을 보는 사람도 많았다. 이에 정원관리인이 왕의 허락을 받아 정원에 들어가지 말라는 팻말을 세웠다. 이 팻말을 '에스띠끼에 Estiquier' 라 하였고, 훗날 예절이나 품위를 뜻하는 '에티켓 Etiquette' 이 되었다고 한다. 정설은 아니다.

　　　19세기 이후 유럽 여러 나라에서는 산업화와 도시화를 진행하면서 공공위생을 개선하기 위해 화장실을 설치하기 시작했다. 화장실을 청결하게 유지하고 필요한 시설과 물품을 제공하기 위해서는 당연히 많은 재원이 필요했다. 또한 지속적인 화장실 증축, 청소 및 배수관 교체 등의 비용도 마련해야 했다. 이를 충당하기 위해 화장실은 유료로 이용되었다. 이런 오랜 관행으로 현재도 유럽인들은 유료 화장실을 당연하게 여긴다. 물론 이에 대한 반감이 없는 것은 아니다.

화장실이 무료로 개방되는 경우 내부에 음란한 그림이나 낙서가 많아져 잦은 도색이 필요하다. 마약 거래나 투약 장소로도 이용되고, 노숙자들의 아지트가 되는 등 부작용이 많다고 하니 화장실이 유료일 수밖에 없는 나름의 이유가 있다. 역시나 화장실로만 따진다면 우리나라는 분명 천국이다. 하지만 공짜는 없다. 당장 눈앞에 보이는 요금이 없을 뿐 모든 화장실은 우리의 혈세로 운영되고 있으니, 유료 화장실과 무료 화장실의 차이는 조삼모사라 할까.

다시 말하지만 백화점 1층에는 화장실이 없다. 그러니 아내가 1층에서 명품을 고를 때 화장실 간다는 핑계로 자리를 뜨지 말자. 자칫 지출을 아까워하는 것으로 오해받아 오래 피곤해지는 수가 있다. 화장실은 없지만 1층에 주차비 정산소는 꼭 있다. 충분히 소비하지 않은 고객을 선별해 단죄한다.

7
1달러면 충분해
소통의 기술

　오래전에 첫 해외여행으로 캄보디아에 갔을 때의 일이다. 친절한 가이드는 버스로 이동하는 중에 수시로 캄보디아말을 알려줬다. 간단한 인사말과 물건을 살 때 값을 흥정하는 표현 등 많은 여행자 필수 생존 표현들을 가르쳐주었다. 쉬운 것도 있었지만, 쌍기역과 쌍지읒, 쌍비읍이 많은 여타 단어들은 따라 발음하기조차 어려웠다. 가이드가 반복적으로 가장 강조한 단어는 '번뚭 뜩'이었다. 화장실이라는 뜻이다.

　호텔은 생각보다 깨끗했다. 화장실에는 우리나라의 것과 별반 다르지 않은 수세식 변기가 있었다. 한 가지 차이점은 변기 옆에 긴 호스가 연결된 수도꼭지가 있다는 거였다. 캄보디아에서는 화장지를 사용하지 않는다는 걸 안내서에서 본 기억이 났다. 그 수도꼭지가 캄보디아식 비데라는 건 나중에 알았다.

나는 비데를 사용하는 대신 화장지를 사용하고 변기에 버렸다. 문제는 물이 잘 내려가지 않는다는 거였다. 반복해서 스위치를 눌러 겨우 오물을 흘려보내고서야 직원을 호출했다. 그는 영어를 하지 못했다. 나도 어려운 '번뚭 뜩' 따윈 기억나지 않았다. 그저 화장실 쪽을 가리키며 생각나는 문구를 말했다.

"층안 나, 층안 나!"

어찌어찌 사정을 얘기하고 변기가 불량이니 방을 바꾸어달라는 뜻을 전달했다. 직원은 뭐라 뭐라 하며 로비로 내려갔다. 옆에 서 있던 아내가 킥킥거리며 말했다.

"방금 맛있다고 말한 거 알아요?"

다시 돌아온 그의 손에는 익숙한 물건이 들려있었다. '뚫어뻥'이었다. 결국 방을 바꾸지는 못했다.

다음 날, 가이드를 따라 입장료 없는 유적지 몇 군데를 구경하고 가게가 즐비한 거리에서 자유시간을 가졌다. 물건을 사기 위해 어려운 현지어를 쓸 필요는 없었다. 'One dollar' 하나로도 충분했다. 물건을 고르면 상인들은 기본적으로 손가락 세 개 혹은 다섯 개를 펼쳤다. 그러면 나는 고개를 세차게 흔들면서 말했다.

"No, no. One dollar!"
"One dollar?"
"Yes, One dollar!"
"Okay!"

셋째 날이 되어 그토록 기대했던 천 년의 신화 앙코르 와트를 볼 수 있었다. 여기저기를 둘러본 후 드디어 3층으로 조성된 중앙 사원에 도착했다. 1층은 미물계, 2층은 인간계, 3층은 신들이 사는 천상계로 나뉜다. 신의 세계로 향하는 계단은 경사 70도에 육박한다. 그래서 거의 기다시피 올라야 하는데, 몸을 한껏 낮춤으로써 신에 대한 존경을 표하도록 만들어졌다고 한다.

아찔한 계단을 조심조심 기어오르던 아내가 외마디 비명을 질렀다. 신의 영험한 기운을 받아서였을까, 느닷없이 생리가 터진 것이었다. 나는 아내의 가방을 가져오기 위해 사원 밖에 주차되어있는 버스를 향해 내달렸다. 열대지방의 작열하는 태양 아래에서 마라톤을 하게 될 줄은 몰랐다.

 아내와 함께 화장실을 찾아 헤맸다. 나는 비 오듯 땀을 흘렸고, 아내는 피를 흘렸다. 화장실은 사원 입구에 있었다. 유료 화장실이었는데, 화난 표정의 여성이 지키고 서 있었다. 1달러를 주자 한껏 밝은 표정으로 화장실 문을 열어주었다. 거스름돈은 받지 못했다. 화장실은 의외로 깨끗했다. 쪼그려 앉는 변기와 줄을 당겨 물을 내리는 수통이 위에 걸려있었다. 역시나 비데용 호스도 있었다.

 볼일을 마친 아내와 사원을 나왔다. 1달러를 내고 파인애플을 사 먹었다. 버스 앞에서 맛있게 먹으며 갈증을 해결하고 있는데, 얼굴이 시뻘게진 가이드가 다가와 욕을 해댔다. 사원 안에서 우리를 찾아 한참을 헤맸다고 했다. 파인애플도 먹고 욕도 실컷 먹었다. 좀처럼 화를 가라앉히지 못하는 그에게 1달러를 건넸다.

8
명문이 되려면
맛집의 조건

중학교 3학년 때였다. 새로 부임해 온 교장 선생님이 전교생을 대상으로 좋은 아이디어 공모전을 열었다. 주제는 정확히 기억나지 않지만 '우리 학교를 명문으로 만드는 방안', 대충 그런 것이었던 것 같다. 사실 우리는 명문이라는 게 뭔지도 몰랐고 관심도 없었다. 다만 우리를 혹하게 한 건 상품이었다. 대상은 당시에 귀했던 카세트테이프 열 개였다. 라디오에 카세트테이프를 넣어 노래를 녹음해 듣던 시절이었다.

상품에 눈이 멀어 응모하는 친구들이 많았다. '좋은 선생님이 먼저다', '건물을 새로 짓자', '국회의원이 배출되어야 한다',

'학교를 옮기자' 등 별 시답잖은 의견이 대부분이었다. '숙제를 없애자', '방학을 늘리자' 등 황당한 의견도 있었다. 나도 응모했다. 당연히 1등을 할 줄 알았다. 친구들도 내 아이디어가 최고라며, 당첨되면 카세트테이프를 나눠달라고 했다. 내 아이디어는 이랬다.

'학교 이름을 '명문중학교'로 바꾸자!'

유튜브에서 '먹방'의 인기는 지금도 여전하다. 우리나라를 중심으로 먹방이 유행하면서 외국에서도 'Mukbang'은 신조어로 굳어졌다. 먹으면서 툭툭 내뱉는 유튜버의 재치있는 말발도 한몫한다. 남이 맛있게 먹는 모습을 보며 대리만족을 느낌으로써 스트레스를 해소하는 사람이 많다. 우리나라 사람이 과식하는 이유 중 하나가 외로움 때문이라는 견해가 있다. 현대인의 정서적 허기와 사회적 고독감이 먹방의 시청률을 높인다는 것이다.

최근엔 일명 '소식 먹방'이 유행이다. 기존 먹방에 대한 피로감에 더해 건강과 환경에 대한 관심이 작용한 결과라고 한다. 날로 고공행진하는 물가 탓도 있다. 어묵 몇 개, 메추리알 몇 개, 치즈와 양배추를 조금 먹고도 배부르다며 식사를 마친다. 일부 유명 연애인들이 가세하며 '소식좌'라는 유행어도 낳았다. 무조건 많이 먹는 것에서 벗어나 자신의 몸에 맞는 식사 습관을 인정받고 싶어하는 욕구가 소식 먹방의 인기 비결이 아닐까 한다.

이제는 대식이나 소식의 시대를 넘어 맛을 즐기는 미식의 단계로 넘어갔다. 사랑하는 이를 위해 남녀를 불문하고 요리에 정성을 다하는 모습에 사람들은 마음을 연다. 까다롭지 않은 재료로 존재하지 않는 맛을 창출하고, 아름다운 데코로 마무리되는 과정에 감동도 한다. 한편에서는 다이어트 열풍이 불고, 한편에서는 맛있는 음식을 탐닉하는 아이러니가 전혀 불편하지 않게 공존하는 것이 요즘의 시대상이다.

맛을 찾아 사람들은 끊임없이 정보를 찾는다. 온라인에서는 많은 별점과 좋은 후기를 얻기 위한 전쟁이 치열하다. 이제 맛은 기본이다. 위생과 서비스, 가성비와 가심비가 좋아야 맛집이다. 거기에 좋은 전망까지 구비하고 있으면 금상첨화다.

나도 한때 맛집을 검색하며 중학교 3학년이던 그때처럼 엉뚱한 생각을 하곤 했다. 가게 이름을 '○○맛집'으로 하면 해시태그를 달지 않아도 맛집 검색에서 최상단에 노출되지 않을까, 하는 생각을 해봤다. 그래서 그런 이야기를 했다가 아내의 전매특허인 등짝 스매싱이 날아왔다. 잔대가리 굴리지 말란다. 억울했다.

최근에 맛집의 필수요건으로 강조되는 것이 하나 있다. 바로 깨끗한 화장실이다. 남녀 분리되고 깨끗하게 관리되는 화장실을 가진 식당이라면 음식도 맛있다는 새로운 문화다. '문명국의 척도는 공중화장실의 수준과 비례한다'는 말이 있다. 투자할 회사를 고를 때 재무제표만 보지 말고 그 회사의 화장실을 가보라는 말도 있다. 직원을 위한 복지 수준이 그 회사의 잠재적 실적을 말해준다는 것이다.

국내 음식점 화장실 실태에 대한 전수조사는 이루어진 적이 없다. 2016년에 서울시에서 실시한 비주거용 건물의 화장실 조사 결과에 따르면 70퍼센트가 남녀 공용이었다. 그중에서도 음식점, 미용실 등의 남녀 공용화장실은 52퍼센트에 달했다. 물론 평수가 작은 영세 사업장에서 분리 화장실을 구비하는 것은 쉽지 않은 일이다. 설치 비용도 만만치 않다. 음식점 경영자의 의지나 노력만으로 해결될 수 있는 문제는 아니다.

화장실 내 위생이 제대로 관리되지 않는 곳도 많다. 깨끗한 주방이나 매장과 달리 낡고 노후화된 화장실을 방치해 눈살을 찌푸리게 하는 식당을 자주 경험한다. 죽어가는 식당을 찾아 컨설

팅하는 TV 프로그램을 복기해 보면, 거기에서도 화장실을 언급한 적은 없었던 것 같다. 화장실은 식당의 얼굴이다. 다소 낡고 화려한 인테리어는 없어도 괜찮다. 손님의 편의를 위해 화장실까지 잘 관리하고 있다는 인상을 준다면 이보다 더 큰 배려는 없을 것이다.

블로그 <칼맨의 맛있는 이야기>에 나와 있는 최상의 화장실 유지 관리 비법을 소개한다.

첫째, 화장실 점검표를 부착하고 담당자를 배치한다. 이는 화장실을 관리하기 위한 업주의 노력을 보여줌으로써 손님에게 신뢰를 줄 수 있다.

둘째, 페이퍼형 타올과 물비누를 설치한다. 큰돈 들이지 않고 손님의 위생을 고려하는 방법이다.

셋째, 매일 마감 전에 청소한다. 오염이 고착되기 전에 청소하게 되면 번거롭지만 그만큼 청소 시간은 줄어들게 된다.

넷째, 잔잔한 음악을 틀고 은은한 방향제를 비치한다. 필수는 아니다. 다만 손님에게 쾌적함을 더할 수 있다.

학교를 명문으로 탈바꿈시키기 위해 교장 선생님이 꺼낸 카드는 3학년 학생들의 강제 야간자습이었다. 저녁 여덟 시까지 연합고사 대비 공부를 하는 나날이 이어졌다. 학교 이름은 바뀌지 않았다.

9
삼천포는 왜 서태지의 집을 털었나
최초의 수세식 변기를 찾아서

1996년 1월 31일, 청천벽력 같은 소식에 많은 젊은이들은 눈물을 흘리고 때론 분노했다. X세대 문화의 아이콘이자 전무후무한 인기를 구가하던 그룹 서태지와 아이들이 공식 해체를 선언했기 때문이다. 서태지와 아이들은 기자회견을 열고 이렇게 작별을 고했다.

"새로운 음반을 만들어내는 창작의 작업은 뼈를 깎는 듯한 고통의 연속이었다. 4년 동안의 음악 생활을 마감하고 평

범한 청년으로 돌아가겠다."

그러나 팬들은 그들을 놓지 못했다. 그 파장이 얼마나 컸는가는 2013년에 방영된 <응답하라 1994>를 보면 일부 가늠할 수 있다. 드라마에서 서태지와 아이들의 열성팬으로 나오는 윤진^{민도희 분}이 식음을 전폐하고 울기만 하자 남자친구 삼천포^{김성균 분}가 그녀를 위해 서태지가 살다 떠난 집을 찾아간다. 이미 극성팬들이 몰려들어 벽지까지 뜯어갈 정도로 모든 것을 가져간 뒤였다. 이후 삼천포가 텅 빈 집에서 변기를 뜯어오는 장면은 많은 시청자들의 가슴을 울렸다.

원시적인 형태이긴 하지만 수세식 변기를 처음 고안한 사람은 영국의 작가이자 공학자였던 존 해링턴^{John Harington}이었다. 그는 1596년 그의 저서에서 물을 이용한 화장실 시설에 대한 개념을 제시했다. 윗부분에 물통이 있고, 물을 흘러가게 하는 손잡이와 배설물을 분뇨통으로 흘러가게 하는 밸브도 있었다. 아이폰의 등장 못지않게 도발적인 아이디어였으나 이 신개념 발명품은 해링턴 자신의 집과 엘리자베스 여왕용으로 리치몬드 궁전에만 만들어졌을 뿐 상용화되지는 못했다. 이 변기에는 역류해 올라오는 악취를 막지 못한다는 단점이 있었다. 그러나 세계 최초의 근대적인 수세식 화장실로 기록되고 있다.

양변기라고 불리는 요즘의 수세식 변기의 모태는 1775년 스코틀랜드 출신의 영국인 알렉산더 커밍Alexander Cumming으로 거슬러 올라간다. 시계 제조자이자 수학자였던 그는 하수관과 변기 사이에 S자형 관을 넣은 장치를 고안, 악취 없는 변기를 만들었다. S자로 굽은 관에 물이 고이는 원리로 씻겨 내려간 분비물에서 냄새가 올라오는 것을 막을 수 있었고, 이것은 곧 화장실이 집 안으로 들어오는 혁신의 단초가 되었다. 하지만 수세식 화장실을 사용하는 데 있어 가장 중요한 하수도 체계가 완비되지 않은 까닭에 널리 사용되기엔 한계가 있었다.

런던에서는 1865년이 되어서야 하수도가 제 역할을 하기 시작했다. 이후 과거의 기술들을 집약하여 오늘날과 흡사한 수세식 변기를 만든 사람은 영국의 토머스 크래퍼Thomas Crapper로 알려져 있다. 배관 기술자였던 그는 분비물을 물로 희석하여 배수구로 내보내는 워시다운Wash-down 형태의 변기를 개발하여 인기를 얻었다고 한다. 존 해링턴이 수세식 변기의 개념을 제시한 지 293년이 지난 1889년의 일이다.

수세식 화장실이 널리 대중화되고 보급된 것은 19세기 중반 위생과 공중 보건에 대한 인식이 높아지면서부터다. 크래퍼가 여러 가지 개선을 통해 화장실의 기능을 향상시킨 것은 사실이지만, 수세식 화장실의 발명과 발전은 결국 여러 세기에 걸쳐 다양한 발명가와 기술자들이 노력한 결과라 할 수 있다.

우리나라에서 최초로 수세식 변기가 설치된 곳은 덕수궁 석조전이라고 한다. 대한제국 말기다. 영국에서 들여온 변기는 고종 황제가 사용했다. 현대식 수세식 변기는 아니지만, 경복궁을 중건할 당시에 수세식 화장실을 설치했던 흔적이 발견되기도 했다. 좀 더 시대를 거슬러 올라가면, 경주 동궁과 월지에서 통일신라시대의 수세식 화장실 터가 발견되기도 했다. 불국사와 익산 왕궁리 백제 유적에서도 수세식 화장실의 흔적이 발굴되었다. 그러고 보면 우리나라는 나름 화장실의 선진국이었던 셈인데, 화장실 문화가 혁신적으로 바뀌기 시작한 것은 1958년 즈음이다. 우리나라 주거 역사상 최초로 수세식 화장실을 설치한 주택이 등장한 해였다.

사람이 평생 화장실에서 보내는 시간은 대략 1~3년 정도라 한다. 그런 의미에서 화장실은 가장 일상적이고 가장 개인적인 장소다. 변기를 뜯어간 삼천포는 어쩌면 서태지의 가장 내밀한 채취가 남아있는 물건을 선택한 것일지도 모른다. 사족을 덧붙이자면, 드라마를 본 서태지는 자신의 공식 홈페이지에 올린 글에서 변기통을 돌려달라고 해 팬들의 웃음을 자아냈다.

10
요강의 추억
생로병사를 함께한 반려

　일요일 아침 처가에서 장인어른과 함께 KBS <TV쇼 진품명품>을 보고 있는데, 15세기에 만든 분청사기 요강이 나왔다. 모양도 그리 단아하지 않고 새겨진 연판문도 투박한데, 그럼에도 불구하고 2,500만 원의 감정가를 받았다. 그것을 보고 혹시나 하는 마음에 장인어른에게 오래된 물건이 있는지 물었다. 장인어른은 안방과 거실을 뒤져 옛날 월급봉투와 성냥갑 등 별 값어치 없는 물건들만 꺼내왔다. 결국 집안에서 가장 오래된 존재는 80세 넘은 장인어른이라는 결론을 내렸다.

푸세식 변소를 사용하던 어린 시절에 자다가 볼일을 보러 가는 것은 고역이었다. 겨울에는 특히 그랬다. 변소 문 아래로 들어온 찬 바람이 엉덩이를 싸늘하게 식히면 왠지 모를 고독이 밀려왔다. 볼일을 보고 나면 어느새 잠은 달아나고, 밤새 깨지 않는 형의 큰 방광과 창자를 부러워했다. 이런 고충을 들은 부모님은 어디에선가 요강을 구해오는 것으로 민원을 해결했다.

요강은 본디 오줌을 담는 항아리라는 뜻의 '요항'으로 불리다가 이름이 바뀌었다. 중국에서는 호자虎子, 마자馬子 또는 마통馬桶 등 다양한 이름으로 쓰였고, 일본에서는 수병溲甁이라 불렀다. 일종의 이동식 변기를 일컫는다. 동서양을 막론하고 화장실에 앞서 요강 문화가 먼저 발전했다. 우리나라는 삼국시대에 백제와 신라에서 사용한 것으로 추정되는 요강이 발견되었다. 남성용은 호랑이가 입을 벌리고 있는 모양을 형상화했다. 여성용은 앞부분이 높고 뒷부분이 낮아 걸터앉기 편하게 되어 있다.

농경사회였던 우리나라에서 분뇨는 허투루 버릴 수 없는 귀한 거름이었다. 분뇨는 농작물을 생장하게 하는 비료이면서 토양의 질을 개량하는 역할까지 했다. 생오줌에 함유된 유기질은 뿌리가 제대로 흡수할 수 없기 때문에 뒷간에 부어 썩혀서 사용했다.

일종의 유기농법이다. 분뇨를 폐기물로 취급한 서양에서 분뇨를 창밖으로 버리거나 강에 투기한 것과 비교하면 우리나라의 분뇨 처리방식은 나름 위생적이고 과학적이었다고 할 수 있다.

가마에서 사용하기 위해 만든 요강도 있었다. 좁고 흔들리는 가마 안에서 볼일을 본다는 게 상상 이상으로 불편했을 것이다. 문제는 가마가 방음이 안 된다는 것이다. 그래서 요강 안에 짚이나 목화솜을 깔아 소리가 나지 않게 했다.

종이로 만든 것도 있다. 한지를 꼬아 엮은 뒤 여러 번 옻칠을 해서 방수 기능을 높였다. 여자뿐만 아니라 남자도 휴대용 요강을 들고 다녔다. 도포 자락에 종이로 만든 가벼운 요강을 넣어 다니기도 했고, 하인이 침이나 가래를 뱉는 타구와 함께 요강을 들고 다녔다.

요강의 재질은 그 집안의 사회적·경제적 지위를 나타내는 척도가 되기도 했다. 유기, 청동, 백자, 청자, 도기, 자기, 오동나무 등 다양한 재료로 만들었다. 견고하고 비싼 청동제는 고위층에서 사용했고, 일반 서민 가정에서는 도자기로 만든 요강을 사용했다. 후대에는 놋으로 만든 소위 '방짜 요강'을 사용했는데, 일본이 전쟁에 쓸 무기를 만들기 위해 싹쓸이해가는 비운을 겪기도 했다.

경복궁 내에는 총 28개, 창덕궁과 창경궁에는 21개의 뒷간이 있었다고 추정한다. 주로 무인이나 내시, 궁녀, 노비 등 궁궐에서 머물며 일하는 사람들이 사용했다. 왕은 '매우틀' 또는 '매화틀'이라 불리는 변기를 사용했다. 매우(梅雨)는 비처럼 떨어지는 매화라는 뜻으로 왕의 용변을 품위 있게 표현한 것이고, 매우틀은 변을 받는 그릇 위에 걸터앉을 수 있게 만든 상자다. 엉덩이가 닿는 부분에는 비단과 같은 부드러운 천으로 감쌌다. 왕이 볼일을 마치면 '복이나인'이라 불리는 궁녀가 비단천으로 왕의 뒤를 닦았다.

중세 유럽에서도 이동식 변기를 사용했는데, 구멍 뚫린 의자를 놓고 그 아래에 그릇을 받치는 형태의 입식 변기였다. 변기의자는 매우 비싸서 왕실이나 귀족층이 많이 썼다. 앉는 부분에 고급 벨벳을 대고 금은 등 보석으로 장식하기도 했다. 뚜껑을 덮으면 고급스러운 의자로 변신했다. 변기의자에 앉아 식사를 하거나 국정을 운영하기도 했다니, 변기가 아니라 가구였다고 할 수 있다. 베르사유 궁전에는 화장실이 없는 대신 274개 가량의 변기의자가 있었던 것으로 전해진다.

어릴 적 함께 살았던 나의 할머니는 머리맡에 놓인 요

강을 돈이나 주전부리를 넣는 용도로 썼다. 할머니 곁에 붙어서 아양을 떨면 할머니는 머리를 쓰다듬으며 요강에서 돈이나 사탕을 꺼내 손자의 손에 쥐어주곤 했다. 세월이 흘러 할머니가 노쇠해졌을 때 비로소 요강은 본래의 기능으로 사용되었다. 어머니는 할머니의 구박을 받으면서도 매일 아침이면 요강을 비우고 깨끗이 닦았다. 그 시절 어쩌면 요강은 우리의 생로병사를 함께하는 반려였을지도 모른다.

  이제는 가정에서 요강을 볼 일이 없어졌다. 요즘 아이들은 요강이 무엇인지 알지 못한다. 편리한 수세식 화장실이 요강을 역사에서 지워버렸다. 이제 요강 따위의 얘기는 하면 안 된다. '라떼' 얘기한다고 욕먹는다. 그런데 최근 요강에 큰 변화가 일어났다. 바로 윤 대통령 때문이다. 갑작스럽게 의대 증원 정책을 밀어붙이는 바람에 수많은 대학들이 일찌감치 수립해 놓은 입시요강을 대거 바꿔야 했다. 절대 비판하는 거 아니다. 요강 얘기다. 입시요강도 어쨌든 요강이다.

정약용이 국토방위 책략에 관해 서술한
『민보의』에는 독특한 무기가 소개되고 있다.
바로 분포다.
분뇨를 발사한다는 뜻의 이 무기는,
대나무 원통에 분뇨를 넣고 피스톤 역할을 하는
막대를 쑤셔 발사하는 형태였다고 한다.

2장

문명과 함께한 화장실

11
네이버에 매너를 물었더니
하이힐의 쓸모

　네이버에 지식검색 서비스가 생긴 지도 어언 20년이 넘었다. 요즘엔 워낙 정보를 구하는 채널이 다양해졌지만, 지식검색 초기엔 어마어마한 양의 질문들이 쏟아졌다. 물론 양질의 답변만 있는 건 아니어서, 어른들이 질문하면 포인트 적립을 노린 초등학생들이 답변한다는 우스갯소리도 있었다. 지금까지도 생각나는 가장 황당했던 질문이 하나 있다. '네이버에 질문 어떻게 올리나요?'라는 질문이다. '장난하냐?'라는 답변이 달렸던 것으로 기억한다.

'여자와 길을 걸을 때 남자가 차도 쪽으로 걸어야 하는가?'라는 질문을 검색해 보면 여러 가지 답들이 있다. '그게 매너다'는 답변부터 '남자 몸은 강철이냐?', '여자들이 남자에게 하는 가스라이팅이다' 등 다양한 반응이 있다. 하나의 답으로 수렴되지 않는 것을 보면 반드시 따라야 하는 예절의 범주에 들어가는 건 아닌가 보다. 시간을 다투는 배달 라이더들이 인도를 질주하는 요즘엔 어디가 더 안전하다고 말하기도 어렵다.

       이와 유사하게 중세 유럽에서는 여자가 건물 쪽으로 붙어 걷고 남자는 바깥쪽으로 걷는 습관이 굳어져 오늘날까지도 매너라는 이름으로 전해지고 있다고 한다. 물론 검증된 이야기는 아니다. 당시 주택은 처마가 도로 쪽으로 불쑥 튀어나와 있어서 여자들이 건물 쪽으로 붙어 걸으면 위에서 쏟아지는 오물을 피할 수 있었다는 것이다.

중세에는 많은 인구가 일자리를 찾아 도시로 유입되었다. 살 곳이 부족해지자 높은 건물을 지어 이를 해결하려 했는데, 문제는 화장실이었다. 수세식 화장실이 발명되지 않았기에 2층보다 높은 곳에는 화장실을 만들 수 없었고, 17세기까지도 요강을 사용했다. 창문을 통해 밤새 사용한 요강 속 오물을 예사로 버렸다는 이야기는 잘 알려져 있다. 1371년, 영국 런던에서는 창으로 오물을 버리면 4실링의 벌금을 물리는 법률이 생기기도 했지만, 벌금으로도 오물 투기를 막을 수는 없었다고 한다.

여성들에게 안위를 양보한 남성들은 오물을 뒤집어쓰는 피해를 줄이기 위해 모자와 코트를 착용하기 시작했는데, 이것이 오늘날 신사의 상징이 되었다고 한다. 여성들은 치마가 더러워지는 것을 막기 위해 '쇼핀느Chopine'를 신었다고 전해진다. 쇼핀느는 신발을 신은 채 신는 것으로, 나무나 코르크로 굽을 높인 것이었다. 하지만 이는 다소 근거가 희박하다. 쇼핀느 중에는 30센티미터 이상의 굽이 달린 것도 있다고 하는데, 이 경우 누군가의 부축 없이 홀로 걷는 것은 어렵다. 게다가 그런 신발을 신을 정도의 여유를 가진 여성이 굳이 오물이 범람하는 길을 걸을 일은 없다고 보는 견해도 있다. 쇼핀느가 유행하자 남자인 루이 14세도 즐겨 신었다고 하는데, 그의 가장 높은 굽은 무려 60센티미터에 달하기도 했다니, 역시나 보행의 목적보다는 절대권력의 상징이 아니었을까 싶다.

하이힐의 유래를 쇼핀느 같이 굽이 높은 구두에서 찾는 것도 사실이라고 보기 어렵다. 이에 대한 역사적 고증이나 확실한 근거는 없다. 하이힐의 기원은 무려 고대 문명으로까지 거슬러 올라가기 때문이다. 고대 이집트에서는 3,500년 전에 여성들이 키를 높이고 아름다움을 강조하기 위해 바닥이 높은 신을 신었다고 한다.

  가공의 이야기이기는 하지만 굽 높은 신은 기원전 441년을 배경으로 하는 이문열의 소설 『칼레파 타 칼라』에도 등장한다. 그리스 시대, 가상의 도시국가인 아테르타의 집정관인 티라나투스가 신은 굽 높은 샌들을 보고 소피클레스란 수사학자가 의문을 던진다. 가장 존경받는 지도자가 사실 저 굽의 높이만큼 우리 위에 군림하며 압제하고 있는 것은 아닌가 하는 각성을 하게 되는 것이다.

 그리하여 소피클레스는 동트는 무렵 언덕 높은 곳에서 외친다. 모두가 잠든 시각에 '임금님 귀는 당나귀 귀' 마냥 답답한 속내를 홀로 털어낸다.

"아테르타 시민이여, 우리는 압제받고 있는 것이 아닌가!"

아침잠 없는 몇몇 사람이 그의 외침을 들었다. 그리고 곧 사람들의 입을 타고 널리 전파되어 마침내 민중 봉기로 이어졌다. 결국 티라나투스는 독배를 든다.

나의 키 작은 아내는 유난히 굽 높은 구두를 좋아한다. 아내의 신발장에 즐비한 하이힐을 보면 문득 이런 생각이 든다.

'저 사랑스런 아내가 사실은 나를 압제하려는 것은 아닌가?'

소피클레스마냥 입 밖으로 내뱉은 적은 없다. 그러면 강력한 등짝 스매싱을 맞는다. 그냥 혼자 생각만 해봤다. 다행히 하이힐을 신어도 내가 크다. 그리고 빼앗긴 경제권으로도 이미 충분히 압제당하고 있다.

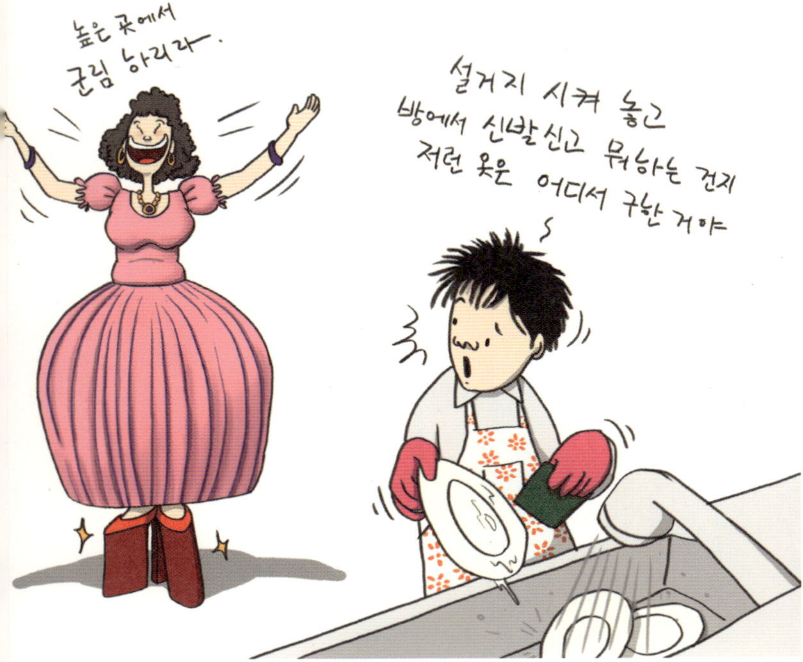
높은 곳에서
군림 하리라~.
설거지 시켜 놓고
방에서 신발 신고 뭐 하는 건지
저런 옷은 어디서 구한 거야

12
슈퍼맨은 왜 망토를 두를까

토일렛의 기원

내가 아는 한 영화 주인공 중 최초의 '외노자'는 슈퍼맨이다. 외국인 노동자가 아니라 외계인 노동자다. 어린 시절, 주말의 명화에서 슈퍼맨을 본 날이면 우리는 집안에 굴러다니던 망토를 목에 두르고 동네를 쏘다녔다. 조금 머리가 굵어지고 나서는 슈퍼맨에 대한 의문이 들었다. 그는 왜 바지 위에 팬티를 입는 것일까? 그리고 왜 거추장스럽게 망토를 드리우고 다니는 것일까? 팬티를 내리면 쫄쫄이바지 앞뒤에 구멍이 뚫려 있다는 얘기도 있다. 어쨌든 이 두 가지 의문에 대한 답은 지금도 찾지 못했다.

프랑스어 '뚜알toile'은 망토를 가리키는 말이다. 18세기까지 유럽에는 공중화장실이 없었다. 길을 가다 볼일이 급해지면 사람들은 큰 소리로 '뚜알'을 외쳤다. 그러면 어디선가 커다란 망토를 걸치고 양동이를 가진 사람이 나타났다. 일종의 이동식 화장실업자였던 망토맨은, 손님이 양동이에 앉아 볼일을 보는 동안 망토로 손님을 둘러싸서 타인들이 배변 장면을 볼 수 없도록 가렸다. 요금은 비쌌다고 한다.

뚜알은 '뚜알레뜨toilette'로 바뀌면서 변기를 의미하는 말이 되었고, 훗날 영어권으로 흘러 들어가 화장실toilet을 가리키는 말이 되었다. 물론 볼일 보는 것에 돈을 지불할 능력이 없는 서민들은 숲이나 담벼락 등에 볼일을 보았다. 유럽에서 망토맨이 활약하고 있을 무렵 우리나라에서는 이미 뒷간을 만들어 상대적으로 청결한 생활을 했다. 유럽에 비하면 우리나라의 위생 문화는 훨씬 선진적이었다고 할 수 있다.

중학교 2학년이던 해 속리산으로 수학여행을 갔을 때의 일이다. 그때 선생님들은 왜 그리도 산을 좋아했을까. 중학교는 속리산, 고등학교는 설악산으로 가는 것이 나름 남쪽 지방 학교의 불문율이었다. 한 반에 60명, 한 학년이 최소 열 개 반이던 시절, 속리산이나 설악산 주변에는 대규모 유스호스텔이 많았다. 수요가 많으니 공급자들은 시설에 그리 공을 들이지 않았다. 좁은 방에 최소 열댓 명을 집어넣었고, 식사는 이게 사람의 밥인가 싶을 정도로 엉망이었다.

무엇보다 가장 열악한 건 변소였다. 재래식 변소였는데, 악취는 물론이고 수시로 손을 휘저어 쫓아야 하는 파리떼는 차라리 참을 수 있었다. 가득 차다 못해 범람하는 배설물을 보는 건 힘들었다. 쌓이고 쌓인 배설물은 바닥에서 30센티미터 정도 석가탑처럼 뾰족하게 치솟아 있었다. 나는 마지막에 볼일을 본 놈을 존경한다. 분명 그는 '공든 탑이 무너지랴?'라며 엉거주춤 선 자세로 탑을 완성했을 것이다.

하는 수 없이 조명이 없는 건물 뒤편으로 가 덤불에 자리를 잡았다. 막 힘을 주려는 순간 어둠 속에서 누군가의 그림자가 다가오고 있었다. 나처럼 노상방뇨를 하려는 것이 분명했다. 부끄럽기는 했지만 이미 배변을 시작했기에 달리 방도가 없었다. 그저 속으로 외쳤다.

'저리가, 인마!'

슈퍼맨이 왜 망토를 두르고 다니는지 조금은 알 것도 같다. 악의 무리와 싸우면서도 볼일은 봐야 하지 않겠는가. 영화 <해리포터>에도 투명망토가 나온다. 그런 망토가 있었다면 사람들은 아무데서나 볼일을 봤을지도 모른다. 그리고 수세식 화장실의 발명은 더뎠을지도 모른다.

13
큰 힘엔 큰 책임
노상 배변의 이유

〈Toilet: Love Story〉는 2017년에 개봉해 흥행에 성공한 인도 영화다. 집에 화장실이 없어 이혼의 위기에 봉착한 부부의 이야기를 소재로 하고 있는데, 무려 약 473억 원의 수익을 올렸다. 고등교육을 받고 평등한 문화와 서구식 생활방식을 가진 인도 여자가 가부장적인 문화를 가진 인도 남자와 결혼하면서 빚어지는 갈등이 유쾌하게 그려졌다.

남자가 사는 마을에는 모든 집 안에 화장실이 없다. 시바신을 모시는 신성한 집에 똥을 둘 수 없다는 이유에서다. 그래서 동네

여자들은 해가 뜨기 전에 물동이를 하나씩 들고 야산으로 볼일을 보러 가는 것으로 하루를 시작한다. 여자 주인공은 집에 화장실을 만들지 않으면 이혼하겠다고 선언하고, 남편은 마지못해 직접 화장실을 만들지만 완고한 시아버지가 부숴버린다. 이에 여자 주인공은 화장실로 인한 이혼 문제를 언론에 공개하고, 여러 가지 헤프닝을 겪은 뒤 결국 시아버지를 설득하게 된다.

결혼할 당시 방 한 칸 마련할 돈도 없었던 나의 상황과 겹쳐지면서 영화를 보는 내내 여러 차례 가슴을 쓸어내렸다. 그때를 생각하면 가난을 용인해 준 아내가 무척 고맙다. 굳이 말은 안 했지만 나는 아내가 나를 선택한 이유를 안다. 탁월한 외모 때문이다. 아무튼 이 영화가 단순히 코미디로 그치지 않는 것은 극히 최근에 벌어졌던 실화를 모티브로 했기 때문이다. 영화는 나름 해피엔딩으로 끝나지만, 비위생적인 환경과 여성의 낮은 지위 및 차별은 여전히 진행형이다.

1962년부터 개발하기 시작하여 현재 120기의 핵무기를 보유한 강대국 인도가 여전히 화장실 문제를 해결하지 못했다는 것은 아이러니다. 유니세프에 따르면 2014년 기준 인도 인구의 약 절반인 6억2,000만 명이 화장실 없는 집에 산다고 한다.

현대적 대도시에서는 화장실을 갖추고 있지만 도시 빈민가나 농촌 지역에서는 별도의 화장실 없이 수풀이나 길가에서 볼일을 보는 관습이 오늘날까지 이어지고 있다.

나라 전체가 공중화장실이 된 주된 이유는 종교, 정확히 말하면 힌두교의 가르침 때문이다. 신성시하는 소의 배설물은 귀한 것으로 간주하는 반면, 사람의 배설물은 부정한 것으로 여긴다. 이로 인해 집 안에 화장실을 설치하는 것에 강한 반감을 갖고 있다. 그래서 들판이나 후미진 골목, 강가나 해변 등지에서 배변을 해결하는 모습을 자주 보게 된다.

인도의 뿌리 깊은 계급제도 역시 실내 화장실이 없는 것의 주된 원인이다. 브라만, 크샤트리아, 바이샤, 수드라 이렇게 네 개의 등급으로 구성되는 카스트 제도는 3000년 동안 이어져 내려온 신분제. 이외에 아예 카스트 제도에 포함조차 되지 않는 최하층에 속하는 사람들이 있다. 극도의 사회적 차별과 배제를 당하는 불가촉천민이다. 그들은 주로 청소, 쓰레기 수거, 시체 화장, 분뇨 수거 등의 일을 한다. 집 안에 화장실이 있으면 불가촉천민이 집에 드나들며 분변을 치워야 하는데, 이것을 극도로 꺼리는 까닭에 차라리 화장실을 만들지 않는다.

불가촉천민과 접촉하면 어떻게 되는지 궁금하여 실제로 건드려 본 아이의 이야기가 있다. 이를 본 할머니는 곧바로 소똥을 모래에 섞어 아이에게 먹이고 소의 오줌을 마시게 한 다음 목욕을 시키는 의식을 치렀다고 한다. 실화다. 불가촉천민은 오물을 치울 뿐만 아니라 그들 자체가 오물로 취급받았다.

노상 배변은 특히 여성들에게 어렵고 위험한 일이다. 많은 여성들이 소변을 참느라 방광염이나 요로감염에 시달리고, 심한 경우엔 방광 파열에 이르기도 한다. 또한 어둠이 내린 밤이나 새벽에 마을 외곽 들판으로 나가 볼일을 보는 경우가 많은데, 용변을 보다 뱀에게 물리고 벌레에게 쏘이기도 한다. 성폭행이나 불법 촬영, 심지어 살해를 당하는 일도 비일비재하다고 한다.

만연한 노상 배변은 토양과 수질을 오염시켜 각종 질병의 창궐로 이어진다. 2013년 한 해에만 비위생적인 환경으로 인한 설사 환자가 1억9천9백만 명에 달했다. 현재도 매년 5만 명의 아이들이 수질 오염으로 인해 사망하고 있다니, 150년도 더 전에 "독립보다 화장실이 중요하다."고 말한 간디의 간절한 소망은 이루어지지 않았다.

2014년부터 시작된 클린 인디아 캠페인을 통해 화장실 보급이 본격적으로 이루어졌음에도 불구하고 노상 배변은 줄지 않았다. 유지, 보수, 관리 등 사후 관리가 제대로 되지 않아 배설물이 흘러넘치거나 물이 안 나오는 등 많은 화장실이 기능을 상실했고, 여전히 종교로 인한 인식과 관행이 굳건하기 때문이다.

"큰 힘엔 큰 책임이 따른다."

괴한의 총에 맞아 죽어가던 스파이더맨의 외숙부가 남긴 명언이다. 변변한 직업도 없는 가난한 조카에게 비자금의 위치나 알려주고 죽을 일이지 그는 왜 느닷없이 그런 말을 했을까. 어쨌든 맞는 말이다. 노상 배변은 근절되어야 한다. 큰 볼일에도 큰 책임이 따른다.

14
정로환의 정체를 아세요?

똥과 함께한 전쟁사

나의 학창 시절이던 80년대에는 유독 전염병이 많았다. 먹고살기 바빠 위생에 대한 감수성이 낮은 탓이 아니었나 생각한다. 전염병 중에서도 특히 생각나는 것은 아폴로 눈병이다. 지금은 급성 출혈성 각막염이라 불리는데, 아폴로 11호가 달에 착륙했던 1969년에 아프리카 가나에서 처음 유행하여 그런 이름이 붙었다.

눈병의 증상은 안구 통증, 이물감, 결막 충혈 등이었는데 법정 전염병은 아니었지만, 감염된 학생은 조퇴와 결석이 권고되었던 것으로 기억한다. 조퇴하는 친구는 부러움의 대상이었다. 별 치료를 하지 않아도 1~2주 정도면 자연스럽게 완치된다는 것을 알고 있었기에 우리는 서로 감염되려고 애썼다. 친구의 빨간 눈에 서로 눈을 비비고 그의 손을 눈에 대는 등 사력을 다했다. 그러고도 감염이 되지 않으면 눈이 빨갛게 될 때까지 비벼 기어이 조퇴를 허락받기도 했다.

예로부터 전염병은 인간의 삶을 크게 바꾸는 혁신의 기제였다. 페스트는 유럽의 근대화를 불러왔고, 천연두는 잉카제국과 아즈텍제국의 멸망에 기폭제가 되었다. 20세기 초에 유행했던 스페인독감은 대영제국을 쇠퇴시키고 미국을 경제 대국으로 부상시켰다. 현대인의 삶의 양상은 코로나19 전과 후로 나뉜다고 할 정도로 코로나19가 미친 영향은 이루 말할 수 없다.

'인간의 역사는 곧 전쟁의 기록'이라는 말이 있다. 들어본 적은 없을 것이다. 내가 막 만들었다. 전쟁과 전염병은 뗄 수 없는 관계라는 얘기다. 전쟁이 전염병을 퍼뜨리는 원인이 되기도 했지만, 전염병은 전쟁의 양상을 바꿀 정도의 복병이기도 했다. 과거에 전쟁 중에 발생한 많은 전염병은 배설에서 비롯되었다. 전염병은 곧 내부의 적이었던 셈이다.

페르시아와 그리스 도시국가 간에 벌어진 페르시아 전쟁은 기원전 499년에 시작해서 기원전 449년까지 지속되었다. 그리스 역사가인 헤로도토스는 당시 광대한 영토와 세계 최강의 군사력을 갖고 있던 페르시아가 그리스에 진 이유로 그리스의 전략과 무기의 상대적 우세를 꼽는다. 청동으로 만든 방어구를 착용한 데다 일사분란하게 대열을 구축하여 백병전에 강한 면모를 갖추었다는 것이다. 물론 승자의 기록이니 진실은 알 수 없다.

위생의 측면에서 보는 시각도 있다. 전 국토의 30퍼센트 이상이 사막인 페르시아에서는 화장실을 거의 사용하지 않았다고 한다. 모래 위에 볼일을 보면 건조한 기후와 사막의 열이 배설물을 말리고 분해해버렸기 때문이다. 그래서 바위투성이 땅인 그리스를 침략하면서 화장실에 대한 대비가 전혀 없었다. 80만 대군의 분변이 야영지 곳곳에 쌓여 악취와 해충이 들끓었고, 결국 전염병이 창궐해 페르시아는 전의를 상실한 채 물러날 수밖에 없었다.

중세 유럽이나 봉건 시대 일본에서는 적의 공격을 방어하기 위해 성 주위를 싸고도는 물길을 두었다. 이를 '해자垓子'라고 한다. 그런데 본래의 목적과는 달리 성에 거주하는 사람들이 해자에 분뇨를 투기하는 일이 잦았다. 배설물로 가득 찬 해자는 악취와 전염병의 요인이 되기도 했는데, 한편으로는 적들이 해자를 통해 침입하지 못하게 막는 역할을 하기도 했다.

조선시대에 분변을 이용한 무기를 사용했다는 기록도 있다. 1778년에 송규빈이 군사문제 전반에 관한 개선책을 논술한 『풍천유향風泉遺響』과, 1812년에 조선 후기 실학자 정약용이 국토방위 책략에 관해 서술한 『민보의民堡議』에는 독특한 무기가 소개되고 있다. 바로 분포糞砲다. 분뇨를 발사한다는 뜻의 이 무기는, 대나무 원통에 분뇨를 넣고 피스톤 역할을 하는 막대를 쑤셔 발사하는 형태였다고 한다. 일반적인 분뇨를 사용하기도 했고, 분뇨를 모아 1년 동안 삭힌 '금즙'이라는 것을 사용하기도 했다. 당시 인분은 농사를 위한 거름으로 사용하는 중요한 자산이었던 만큼 승리를 위해 모든 것을 바쳤다고 볼 수 있다.

분포는 주로 성벽을 기어 올라오는 적을 막기 위해 사용했는데, 살상 효과는 없었지만 악취는 적군을 심리적으로 당혹하게 만들어 전의를 상실하게 하는 효과가 컸다. 또한 상처 부위에 맞을 경우 똥독이 올라 2차 감염으로 사망하게 하는, 소위 조선판 생화학무기였다. 분포를 맞고 분뇨를 뒤집어썼을 때 심리적으로 느꼈을 고통은 백지영의 노래에 잘 묘사되어 있다.

총 맞은 것처럼 정신이 너무 없어
심장이 멈춰도 이렇게 아플 것 같진 않아
어떻게 좀 해줘
날 좀 치료해줘
이러다 내 가슴 다 망가져

  위생에 대한 관심은, 18세기 이후 미생물학이 본격적으로 발전하면서 높아졌다. 전장에서 역시 배설물을 잘 처리하기 위한 노력이 이루어졌다. 화장실 문제를 해결하지 못해 전쟁에서 패했던 역사적 교훈을 바탕으로, 1차 세계대전에 참전한 나라들은 편람을 제작하는 등 나름 위생과 보건을 유지하려 애썼다. 그때까지는 전투에서 사망한 사람보다 전염병으로 사망한 사람의 수가 많았다.

1904년에 발발한 러일 전쟁에서 예상을 깨고 일본이 승리한 요인 중 하나로 '정로환征露丸'을 빼놓을 수 없다. 정로환은 설사를 멎게 하는 지사제로 아직까지도 사용되고 있다. 외국으로 원정을 가게 되면 심한 물갈이를 하게 되고, 이로 인해 병사들이 배탈과 설사로 고통받는데, 일본은 만주에 파병한 병사들이 배탈과 설사로 죽어나가자 이를 해결하라는 일왕의 명령에 따라 정로환을 만들었다. 본디 정로환은 '러시아를 정복하는 약'이라는 뜻이다.

    '니 똥 굵다' 또는 '니 똥 칼라똥이다'라는 욕이 있다. 다른 사람의 잘난 척하는 모습을 시기하거나 질투하는 의미로 사용한다. 나의 아내가 좋아서 미치는 드라마 주인공, 가령 남궁민<연인>의 악역이나 김수현<눈물의 여왕>의 악역, 변우석<선재 업고 튀어>의 악역 등에게 내가 속으로 하는 말이기도 하다. 설사병은 식수 위생이 지켜지지 않는 저소득 국가의 영아들이 사망하는 치명적인 병이다. 굵은 변을 싼다는 것, 그것도 다채로운 색상이라니, 욕이 아니라 어쩌면 건강하다는 축복의 말일지도 모른다.

15
더러운 사람들
목욕에 관한 다양한 발상들

중학교 3학년 때 영어를 담당했던 선생님은 학생의 이름을 부르는 일이 없었다. 아예 이름을 외우려 하지 않았던 것 같다. 수업 시간에 우리는 늘 번호로 호칭되거나 '야', '어이', '너', '거기' 등 대명사로 불렸다. 반장의 이름 정도는 알 법도 한데 반장도 예외는 아니었다. 그랬던 선생님이 수업 시간에 나를 가리키며 이름이 뭐냐고 물었다. 학기가 거의 다 끝나가는 12월 초였다.

당시 대부분 가정이 다 그랬겠지만, 우리 집에서도 세면장을 갖춘 화장실이 없었다. 늘 마당에서 씻었다. 겨울이면 부엌에서 물을 데워 와 찬바람 맞으며 세수하고 머리를 감았다. 추워서 씻는 건 고역이었다. 감기라도 들면 어머니는 머리 감는 것을 금지했다. 물을 묻혀 손질해도 밤새 눌려 볼륨을 잃은 머리카락은 살아나지 않았다.

비록 감기 때문이지만 지금 생각해도 2주 동안 머리를 안 감고 등교한 건 심하다 싶다. 영어 선생님의 눈에도 내가 정상적인 학생으로 보이지는 않았던 것 같다. 그녀가 나를 불렀을 때 적잖이 당황했던 기억이 생생하다.

"어이, 거기, 너!"
"저요?"
"그래, 너 이름이 뭐냐?"
"○○○입니다."
"○○야, 머리 좀 감아라. 더러워서 보는 내가 더 힘들다."

불명예스럽긴 하지만 선생님에게 이름이 불린 건 우리 반에서 내가 최초였다. 기분이 살짝 좋았던 것 같기도 하다. 사실 초등학교에 다닐 때는 더 심했다. 방학이 되면 두 살 터울의 형과 나는 씻지 않는 걸로 경쟁했다. 한 달 넘게 머리도 안 감고 이도 안 닦

앉다. 늘 승자는 형이었다.

중세 유럽사람이 청결했는지 불결했는지에 대한 논란은 분분하지만 대체로 불결했다는 것이 중론이다. 우리 형보다 더 더러웠던 것 같다. 여기서 말하는 중세는 서로마 제국이 멸망한 476년부터 약 1,000년에 걸친 기간을 말한다. 고대 로마시대의 목욕탕이나 화장실 문화는 중세에 들어와서도 명맥을 이어가기는 했지만 여러 가지 이유로 오히려 퇴보하게 된다.

중세에 들어와 갑자기 오물을 창문 밖으로 버리는 문화가 생긴 것은 아니다. 고대 로마 사람들도 오물을 투척했다. 대중목욕탕이나 수세식 화장실을 사용할 수 있었던 건 일부 부유층에 국한되었다. 서민들은 여전히 강이나 호수, 거리에 배설물과 생활오수를 버렸다. 중세에 도시 내부에서 오물을 버리거나 쌓아두는 걸 국가적으로 금지한 것을 보면 중세에도 나름 위생적으로 청결을 유지하려는 노력이 있었다고 볼 수 있다.

목욕문화 역시 중세시대에 완전히 사라졌다고 보기는 어렵다. 물론 고대 로마의 목욕탕 수준에 버금가는 정도의 대형 목욕탕은 쇠락했지만 분명 목욕탕은 존재했다. 목욕탕은 여전히 청결과 사교의 장소로서 역할을 했다. 사람들은 주기적으로 목욕탕을 방문해 몸을 씻었고, 다른 사람과 사회적으로 교류했다. 종교적으로도 청결을 뒷받침했다. 몸을 깨끗이 씻는 것은 영혼을 정화하는 행위와 동일하게 보았다. 처음엔 그랬다.

그러나 대중목욕탕이 점차 매춘과 사치와 향락의 온상으로 변질되면서 중세 기독교에서는 목욕을 비도덕적인 행위로 간주하게 된다. 신에게 기도를 드리기 전에 반드시 몸을 청결하게 하는 것을 신자의 의무로 여겼던 이슬람교와 달리, 기독교에서는 깨끗한 육체에 집착하는 것은 정신과 영혼의 정결을 등한시하는 것이라 여겼다. 이로 말미암아 육체를 하대하고 신에 대한 경배만을 중시하는 금욕주의가 시대정신으로 자리 잡게 된다.

십자군 전쟁 이후 유럽인의 목욕문화는 다시금 부활하게 된다. 십자군 전쟁은 1096년부터 무려 200년 넘게 이어졌다. 참전했다 돌아온 사람들에 의해 이슬람 세계의 목욕문화가 유럽에 전해졌다. 특히 터키식 목욕탕 '하맘Hammam'을 따라하기 시작했다. 하맘은 오늘날의 사우나처럼 증기탕이 있고, 여기서 몸을 불린 다음 때를 밀거나 마사지를 하는 목욕 방식이다.

중세 유럽의 목욕탕에서는 소위 '치료목욕사'가 상주

했다. 그들은 목욕을 도울 뿐 아니라 이발이나 면도를 해주고 건강을 위해 사혈 처치를 했다. 상처 치료나 종양 제거 등 간단한 외과 수술은 물론 이와 눈병 치료를 시행하기도 했다. 중세 초기에는 무자격자가 대다수였으나, 후기에 들어와서는 근 3년에 걸쳐 전문적인 의학교육을 이수해야 했다. 그들의 의료행위는 18세기까지 계속되었다.

목욕 보조인이 의사 역할까지 했다니, 시대를 앞선 복수전공의 전형이라 할 만하다. 하긴 드라마 <대장금>에서도 수라간 궁녀였던 이영애는 의학을 복수전공하여 의녀가 된다. 오늘날에도 목욕관리사가 있다. 전문 양성학원에서 훈련을 받은 사람이 대부분이다. 그리고 남자 목욕탕에는 여전히 이발사가 있고, 구두를 닦는 일을 겸업하기도 한다.

14세기 이후 목욕탕이 점차 사양길에 접어들게 된 것은 매독과 페스트, 그리고 사혈을 통해 전염병이 급속도로 퍼지면서부터다. 목욕탕이 감염의 온상으로 지목된 것이다. 거리나 강에 오물을 무단 투기해 식수가 오염된 것도 한몫했다.

흑사병이 발병한 이듬해인 1348년에 프랑스 필리프 6세는 그 원인을 규명하게 했는데, 의학 교수들은 뜨거운 목욕이 피부에 입구를 열어 역병이 쉽게 침투하게 만든다는 근거 없는 주장을 펼쳤다. 그런 의학자들을 전문 용어로 '돌팔이'라 한다. 이로 인해 죽기 싫으면 목욕을 피해야 한다는 잘못된 신념이 퍼졌고, 이는 근 200년간 유지됐다.

17세기에 비약적으로 발전한 현미경의 도움으로 미생물과 바이러스가 발견되면서 인류는 감염병의 원인을 온전하게 바라보게 되었다. 그리고 목욕이 실상 면역력 강화에 도움이 된다는 사실이 알려지면서 목욕문화가 부활하게 된다. 19세기 이후에는 잘 씻고 깨끗한 사람이 상류층이라는 인식이 자리 잡게 된다. 이로써 더러움과 불결함이 지배하던 시대는 막을 내린다. 오랜 시행착오를 거듭했던 유럽과 달리 역사가 짧은 미국에서는 애초부터 청결과 목욕을 중시하는 문화가 꽃피었다. 유구한 역사가 꼭 좋은 것만은 아닌가 보다.

매년 6월 14일은 '국제 목욕의 날'이다. 별 희한한 날이 다 있다. 많은 아이디어나 창조적인 발상이 욕실에서 나온다는 것이 증명되어 이런 날이 생겼다고 한다. 고대 그리스의 수학자이자 과학자인 아르키메데스가 목욕을 하다 물질의 질량과 부피의 관계에 대한 깨달음을 얻어 '유레카'를 외쳤던 날이 6월

14일이라고 추정한다.

여담으로 사단법인 한국목욕업중앙회 종로지부에서 1979년 2월에 목욕탕 입구에 붙였다는 문구를 소개한다.

> 어린이 여러분들의 국민학교 졸업을 진심으로 축하드립니다. 여러분들은 이제부터 의젓한 중학생입니다. 따라서 목욕요금도 일반요금 800원을 내야 합니다. 어떤 어린이는 집에서 부모님으로부터 800원을 받아가지고 와서는 국민학생이라고 속여 400원은 군것질하는데, 이것은 아주 나쁜 일입니다. 우리 대한의 어린이는 거짓말을 하지 않고 올바르고 참되게 자라야 합니다.

2016년에 개봉해 잔잔한 감동을 준 영화 〈형〉이 있다. 흥행 성적도 잔잔했다. 영화 속 형인 조정석이 시력을 잃고 은둔하는 동생 도경수를 데리고 목욕탕에 가는 장면이 있다. 목욕으로 모공이 열리듯 동생의 닫힌 마음을 열고 세상으로 향하게 하는 계기가 된다. 실제 우리 형은 목욕비 400원으로 짜장면을 사 먹자며 나를 꼬드겼다. 짜장면 한 그릇도 400원이었다. 나는 형의 말을 잘 들었다. 형은 더러운 중세 유럽인의 환생일까? 형은 나이 오십을 넘어 임플란트 두 개를 박았다.

16
주윤발과 두월생

인분 사업을 아시나요?

홍콩 영화는 1980년대에 전성기를 누렸다. 한해에 무려 100여 편 이상 제작될 정도의 호황이었다. 특히 주윤발, 유덕화, 양조위, 장국영 등을 주인공으로 내세운 소위 누아르 영화는 우리나라에서 크게 히트 쳤다. 홍콩의 중국 반환을 앞두고 당대의 허무한 분위기를 반영하면서 남성 간의 의리를 강조한 범죄 영화가 대부분이었다.

성룡의 영화는 명절마다 텔레비전에서 방영된 탓에 국민 친척이 되었고, 유덕화는 피를 철철 흘리며 죽어갈 때 가장 멋있었다.

연기와 노래를 겸업했던 장국영은 <영웅본색> 마지막 장면에서 피를 흘리며 전화기를 붙들고 있는 장면으로 기억된다. 당시 빨간 물감을 바르고 공중전화기에서 그 장면을 재연하는 남자가 많았다고 한다. 2003년 만우절에 거짓말처럼 자살로 생을 마감했다.

뭐니 뭐니해도 홍콩누아르의 전설은 단연 주윤발이다. 큰 키에 롱코트와 선글라스가 잘 어울렸고 많은 남자들이 무스를 발라 쓸어넘긴 머리 모양과 성냥개비를 잘근잘근 씹는 모습을 흉내 냈다. 당시 영화 속에서 그가 폈던 말보로 담배 판매도 덩달아 급증했다고 한다. 그는 나중에 한국 광고에도 등장했다. 무슨 나쁜 짓을 했는지 몰라도 오토바이를 타고 헬기에 쫓기다 느닷없이 "사랑해요, 밀키스!"를 외쳤다.

그러나 홍콩영화의 호황은, 홍콩이 중국에 반환되면서 투자금의 감소로 인해 위기에 봉착한다. 어려워진 영화 제작사들은 삼합회 등 조직폭력배 자금을 끌어다 쓰기도 했다. 삼합회는 홍콩과 대만을 거점으로 하는 중국의 범죄 조직이다. 삼합회의 뿌리 중 하나로 지목되는 조직이 '청방'인데, 1900년대 초를 주름잡은 상하이 최대 폭력 조직이었다. 이 청방의 두목이 '두월생'이다. 그는 당시 상하이의 인분 사업을 독점하고 있었다.

서양에서는 분뇨를 더러운 것으로 혐오하여 폐기해야 하는 것으로 취급한 반면, 동양에서는 일찍부터 분뇨를 농사에 필요한 거름으로 사용해 왔다. 인분은 작물을 키우는 비료이기도 했지만, 토양을 비옥하게 만드는 영양분이기도 했다.

우리나라 옛날 화장실인 뒷간은 큰 항아리를 묻고, 그 위에 나무판을 올려놓은 모양이다. 항아리에 배설물이 어느 정도 차면 바가지로 퍼내어 재나 겨, 톱밥 등을 뿌리고 섞어 삭혔다. 시간이 지나면 미생물의 작용으로 악취는 사라지고 질 좋은 거름이 된다. 재에 들어있는 성분은 잡초의 번식과 곤충의 접근을 막는 역할을 했다. 일본 에도시대에는 인분을 수집해 농가에 파는 도매상이 있었다. 고기를 많이 먹는 부유한 사람들의 분뇨 값이 서민들의 분뇨 값보다 비싸게 거래되었다는 기록이 있다.

청나라 시기, 중국 각 집에는 큰 독 위에 나무판자 두 개를 올려놓고 뒷간으로 사용했다. 독에 인분이 쌓이면 도시 밖에서 농사를 짓는 농민들에게 비료로 팔았다. 화학비료가 없는 시기여서 인분은 농민들에게 매우 귀한 천연비료였다. 공공장소에도 구식 화장실은 있었으나 그 수가 너무 부족했고 시설이 열악한 탓에 아무데서나 대소변을 보는 것이 일반적이었다. 비위생적인 환경으로 인해 1862년 상하이에 콜레라가 창궐한 것을 계기로 현대식 공중화장실이 생겨나기 시작했다. 인분이 고가에 거래되었기 때문에 정부가 세운 공중화장실보다 민간 공중화장실이 더 많았다. 인분 사업자들은 재벌에 상당하는 부를 창출했는데, 이 때문에 자신만의 공중화장실을 갖는 걸 꿈꾸는 이들이 많았다고 한다.

인분 사업이 큰돈을 가져다주자 조직폭력배들이 공중화장실에 손을 대기 시작했다. 두월생의 청방이 그러했다. 상가나 민가에서 인분을 뺏거나, 환경미화원이 운송하는 인분을 강탈하는 일도 비일비재했다. 1949년에 중화인민공화국이 수립되면서 모든 공중화장실의 건설과 관리를 국가가 도맡기 시작하면서, 인분 사업은 중국 역사에서 사라졌다.

지금도 배설물을 사고파는 사람이 있다. 그것도 수억 원대에 거래된다. 29세의 나이로 요절한 이탈리아의 전위예술가 피에르 만초니 Piero Manzoni :1933~1963가 자신의 배설물을 담았다며 1961년에 작품을 내놓았는데, 제목이 '예술가의 똥'이다. 그는 각 30그램의 똥을 담은 깡통 90개를 만들어 일련번호를 매기고 같은 무게의 금값과 동일한 가격을 책정했다.

2007년 영국의 테이트 미술관은 4번 깡통을 약 3,400만 원에 구매했다. 같은 해, 또 다른 깡통은 이탈리아 밀라노 경매장에서

약 1억 2천만 원에 낙찰됐다. 2016년에는 54번 깡통이 약 2억 7천만 원에 팔렸다. 현재 깡통의 가치는 3억 원을 넘는다고 한다.

만초니가 이 작품을 통해 표현하고자 했던 것은 부를 과시하기 위해 무엇이든 사려 했던 예술품 수집가들에 대한 비판과 풍자였다. 90개의 깡통에 진짜로 그의 배설물이 담겼는지는 알 수 없다. 깡통을 여는 순간 작품의 가치가 떨어지기 때문이다. 1989년에 깡통 하나를 개봉한 사람이 있었는데, 그 안에 또 다른 깡통 하나가 들어있었다고 한다. 그는 추가적인 개봉을 하지 않았다.

17
주먹 대신 오물
탑골공원산 분뇨

1966년 9월 22일, 한 정치인이 대정부 질의를 위해 국회 의사당 발언대에 섰다. 한때 '종로의 주먹'으로 불렸던 정치 깡패에서 국회의원으로 변신한 김두한이었다. 그는 연단 위에 정체 모를 두 개의 상자를 올려놓았다. 달변가는 아니었지만 그의 말은 냉철하게 정곡을 찔렀다.

그 유명한 삼성의 사카린 밀수 사건이 발단이었다. 삼성그룹의 한국비료주식회사가 일본 미쓰이로부터 받은 리베이트 100만 달러를 세탁하기 위해 사카린을 밀수하다 들통이 난 것이다. 수면 아래로 가라앉는 듯했던 이 사건은 경향신문의 보도로 세간에 알려졌다. 탈세, 도박, 마약, 폭력 사범과 함께 밀수를 '5대 사회악'의 하나로 규정했던 박정희 대통령이 그 배후였기에 충격은 컸다. 밀수품을 시중에 팔아 삼성은 내부자금으로, 박 대통령은 정치자금으로 쓸 계획이었다.

> "밀수 사건을 두둔하는 장관들은 나의 피고들이다. 사카린을 피고인들에게 선사한다. 똥이나 처먹어!"

김두한은, 단죄의 말과 함께 상자를 열고 안에 든 오물을 국무위원석에 뿌렸다. 뿌려진 오물은 독립운동의 성지인 탑골공원 변소에서 퍼온 분뇨였다고 알려져 있다. 대한민국 정치사에 전무후무한 사건이다. 비록 올바른 방법은 아니었지만 독재정권과 대기업, 그리고 이를 비호하는 정치인들을 향해 일갈했던 결기 어린 모습에 박수를 보내지 않을 수 없다.

2002년에 김두한의 일대기를 그린 SBS 드라마 〈야인시대〉가 1부와 2부, 총 124회에 걸쳐 방송되었다. 안재모가 주연한 1부는 최고 시청률 57.4퍼센트를 기록하며 온 국민을 열광케 했다. 김영철이 주연한 2부는 시청률이 뚝 떨어져 20퍼센트 초반대에 머물렀다. 역시 김영철은 김두한보다 궁예에 어울린다.

 1972년 11월 21일, 김두한은 서울 정릉동 무허가 자택에서 54세의 나이로 눈을 감았다. 박정희 정부가 유신헌법 찬반 여부를 묻는 국민투표를 실시하여 압도적인 지지로 유신헌법을 확정한 날이다.

 2023년 4월에 탑골공원 담벼락에는 '노상방뇨 금지구역'이라는 팻말이 붙었다. 공원 안팎에 화장실이 있지만, 이동이 불편한 노인들이 공원 여기저기에 대소변을 보는 일이 잦아 민원이 제기된 데 따른 조치였다. 독립의 성지인 탑골공원이 분뇨의 성지가 되었다는 제목으로 뉴스에 보도되기도 했다. 김두한이 오물을 투척한 지 60년이 다 되어가는 지금, 빈부격차, 성차별, 부정부패, 입시지옥 등 갖가지 부조리에 경종을 울릴 또 다른 김두한을 위해 오물을 준비하는 것은 아닐는지.

18
권력의 맛
건강의 바로미터, 배변

까마득한 1980년대에 초등학교를 다녔다. 당시에는 각 학급에 '주번'이라는 게 있었다. 6학년 각 반이 1주일씩 돌아가며 주번이 되었다. 저학년들의 교실을 순찰하며 지도하는 게 주 임무였는데, 순찰을 하기는 했다. 문제는 교내 지도보다 후배들을 닦달하여 물건을 빼앗는 일이 잦았다는 거다. 물건을 빼앗긴 아이는 억울해 울기도 했지만, 빼앗는 주번은 그것이 당연한 권한인 줄 알았다. 무엇보다 주번이 멋져 보였던 건 그들의 왼쪽 팔에 찬 완장 때문이었다. 노란색 바탕에 검은색 두 줄이 그어진 완장은 어린 우리에게 권력의 상징이었다.

6학년이 되어 가장 설렜던 게 바로 주번이 될 수 있다는 거였다. 반면 선생님은 우리에게 주번의 임무만 주었지, 주번이 어떤 일을 해야 하는지 가르쳐 주지 않았다. 배운 게 도둑질이라고 나도 후배들의 물건을 꽤나 빼앗았다. 왠지 완장을 차면 가슴이 뛰었다. 일찌감치 왜곡된 권력의 맛을 알아버렸다.

중학교에 입학한 첫날, 선생님은 머리통 크고 똘망똘망하게 생긴 녀석을 임시 반장으로 지목했다. 이어 임시로 주번을 할 사람은 손을 들라고 했다. 나는 주저하지 않고 손을 들었다. 선생님은 흐뭇한 미소를 지으며 나와 내 짝을 임시 주번으로 임명했다. 우리는 손바닥만한 크기의 붉은 색 패찰을 받았다. 기대했던 완장은 아니었지만 상관없었다. 왼쪽 가슴에 패찰을 달고 나니 반장도 부럽지 않았다. 중학교에서도 무난히 권력에 안착했다는 생각에 가슴이 달떴다.

그러나 주번에 대한 환상은 곧 깨졌다. 입학식 후 2교시부터 정상 수업이 진행되었는데, 선생님은 주번이 누구냐고 물으며 나와서 칠판을 닦으라고 했다. 나는 이건 아닌데 하는 마음으로 가슴에 달린 패찰을 손으로 훑었다. 칠판을 닦고 나서야 진실을 깨달았다. 중학교에서는 주번이 청소 당번이라는 걸. 왜 초등학교와 중학교는 다른 임무에 같은 명칭을 사용하는지 두고두고 원망했다.

권력에 대한 탐욕은 동서고금을 통해 한결같다. 16세기 영국의 헨리 8세는 가톨릭교회와의 결별을 불사하면서까지 앤 불린과 결혼을 했는데, 나중에는 그녀에게 간통죄 혐의를 씌워 처형해 버렸다. 그때 억울하게 간통 상대로 몰려 같이 죽음을 맞이한 이가 있었다. 헨리 노레이스였다. 그는 영국 왕실의 대변 담당관이었다. 대변 담당관은 왕이 배변을 하고 난 뒤 엉덩이를 닦아주고, 왕의 건강을 위해 배설물을 검사해서 처방까지 해주는 역할을 맡았다. 얼핏 더러운 직종인 것 같지만, 당시엔 제법 추앙받는 직위였다고 한다. 가장 사적인 순간에 왕을 독대할 수 있고, 왕의 엉덩이에 감히 손을 댈 수 있는 특권이 고위 귀족에게만 허락되었으니, 그들의 권력이 어느 정도였는지 가히 짐작할 수 있다.

기록에 따르면 조선시대에도 유사한 직종이 있었다. 왕의 주치의였던 어의를 '상분직嘗糞職'이라고도 불렀는데, 매일 임금의 똥을 맛보았다고 한다. 어의는 왕의 대변 내용을 살펴 내시부 수장인 상선에게 알리고, 수라상에 오르는 음식 재료를 조절하도록 권유했다. 대변의 변화를 통해 건강을 체크하고 식단을 관리했던 것이다. 그래서 권력의 맛은 똥맛이라는 말이 생긴 것일까.

장례식장에서 상주 완장을 빼면 좀체 완장을 보기 어려운 요즘이다. 그런데 최근에 완장을 닮은 패션이 더러 보인다. 미국 브랜드 톰 브라운의 사선 완장이다. 톰 브라운은 한국인의 권력 지향 의지를 제대로 읽었다. 그런데 너무 비싸다. 패션 자체가 경제 권력의 상징이 되어버렸다.

역사 속에 등장하는 오줌은
다양한 용도로 사용되었다.
고대 로마 시대 사람은
오줌을 구강세정제로 사용했다.
오줌으로 입안을 헹구면 치아가 하얗게 되고
잇몸이 튼튼해진다고 믿었다.
1세기경 로마의 의사들은 포르투갈인의 소변으로
양치질을 하면 미백 효과가 있다고 주장했다.

3장

화장실과 환경 문제

19
이발과 슬러지
처음으로 돌아가는 건 어려워

이발소만을 고집하던 내게 아들이 미용실에 가서 헤어스타일을 바꿔보라고 종종 성화를 부렸다. 그래서 난생처음 미용실을 갔다. 어떤 스타일을 원하느냐는 질문부터가 당혹스러웠다.

"김수현처럼요."
"호호, 김수현은 머리숱이 많고 얼굴이 작아요."

짜증이 나기 시작했다. 공유, 지창욱, 남궁민 등 아는 연예인의 이름을 머릿속에 나열하다 지쳐서 그냥 멋있게 잘라달라고 말하고 눈을 감았다. 미용사는 머리를 손질하는 내내 많은 말을 하고, 또 많은 질문을 했다. 말을 듣는 것도, 일일이 대답하는 것도 피곤했다. 다시 이발소로 회귀했다.

남성 전용 이발소는 근래 보기 드물다. 다행히 집 근처에는 체인점 이발소가 있다. 중년의 남성 미용사는 좀체 말이 없다. 그게 가장 마음에 든다. 자리에 앉으면 그는 딱 한 마디만 던지고는 입을 다문다.

"저번처럼 자르겠습니다."

침묵 속에 그저 사각사각 가위소리만 들린다. 그 침묵이 전혀 어색하지 않다. 다 좋은데 문제는 결과다. 머리 모양이 매번 다른데다 내 머리통과 좀체 어울리지 않는 스타일이 구현된다. 여태 단 한 번도 내 마음에 들게 자른 적이 없다. 그가 한 말을 복기해 본다. 혹 "기분대로 자르겠습니다."라고 한 것은 아닐까. 그의 머릿속에 저장된 '저번처럼'이 어떤 모습일지 프린트라도 해서 보고 싶은 마음이다. 하긴 저번처럼 자르긴 한다. 늘 좌우 비대칭의 근대식 스타일을 구사해 내 마음에 생채기를 낸다는 점에서 저번과 다르지 않다.

　　　　인류의 역사는 생산의 역사였다. 늘 무언가를 만들어 냄으로써 자연에 역행했다. 곧 파괴적 생산이었다. 인간의 손을 스쳐간 것은 옛 모습을 잃고 다른 그 무엇이 되거나 그로 인해 또 다른 무언가를 파괴했다.

　매일 우리는 화장실에서 볼일을 보고 밸브를 누른다. 성인 기준 한 사람이 1년 동안 생산하는 배설물의 양은 약 40~60킬로그램에 달한다고 한다. 그 많은 배설물이 어디로 가서 어떻게 처리되는지 우리는 관심을 가지지 않는다. 그저 물이 오물을 씻어 내려가면 말끔하게 처리했다고 안도한다.

　가정에서 발생한 모든 하수는 하수처리장으로 이동하는데, 두 가지 방식이 있다. 오수와 빗물을 분리해 처리하는 '분류식 하수도'와 두 가지를 함께 흘러가게 하는 '합류식 하수도'다. 우리나라는 비용이 적게 드는 합류식 하수도를 많이 사용했지만, 최근에는 분류식 하수도의 비중을 70퍼센트 이상으로 확대했다고 한다.

　이 하수처리장에 모인 오수는 오염물질을 제거하기 위한 단계를 밟아 처리된다. 먼저 덩어리를 걸러내고 가라앉혀 오염물질을 물리적으로 제거한다. 다음으로 미생물을 활용한 2차 처리를 거친다. 각종 균이 유기물, 질소, 인 등을 산소와 함께 먹고 뱉어내는 과정을 반복하면서 찌꺼기는 가라앉고 물은 정화된다. 미생물은 온도가 낮으면 활동이 활발하지 않기 때문에 일정 온도를 유지해야 하고, 24시간 산소를 투입하는 과정이 필요해 상당한 양의 전력을 소모한다. 이후 각종 약품을 넣어 여과하고 소독하는 단계를 거쳐 기준치를 충족한 물이 공동 수역으로 방류된다. 전체 과정을 통과하는 데는 대략 9~17시간이 걸린다.

문제는 하수처리 과정을 거친 후 남게 되는 찌꺼기다. 이를 '슬러지sludge'라고 하는데, 그 양이 실로 엄청나다. 예전에는 우리나라를 비롯해 많은 나라에서 슬러지를 그대로 바다에 버렸다. 그저 편하다는 이유에서였다. 그러나 1992년에 슬러지의 해양투기를 금지하는 런던협약이 만들어진 뒤로는 전량 땅에 파묻는다. 우리나라는 1993년에 이 협약에 가입했다.

최근에는 슬러지를 폐기하는 대신 재활용하려는 움직임이 활발해졌다고 한다. 배설물이 얼마나 깨끗한 모습으로 변신해 자연스런 생태계의 순환 과정을 밟게 될지는 두고볼 일이다. 처음으로 돌아가는 것은 어렵다. 미용사가 저번처럼 깎는 것도 어려운데, 하물며 배설물이 원래의 모습으로 정화되는 것은 얼마나 어려운가.

　　오늘도 이발소를 다녀왔다. 역시나 기분이 안 좋다. 가만히 생각해 보니, 이 미용사 뭔가 이상하다. 한참 기억을 더듬다 생각났다. 이발소를 처음 방문했을 때도 그는 "저번처럼 깎겠습니다."라고 말했다.

20
변기 물통 속의 벽돌들
양변기는 물먹는 하마

    1990년 12월 《월간조선》은 김두영 전 청와대 비서관과의 인터뷰를 통해 박정희 전 대통령의 검소한 생활 면모를 소개한 적이 있다. 그에 따르면 박 대통령은 물 한 방울이라도 아끼기 위해 집무실 양변기 물통 속에 벽돌 한 장을 넣어 두게 했다고 한다. 서거 후 청와대를 정리하던 직원이 침실 내 화장실 변기 물통에서도 벽돌을 발견하고 눈물을 흘렸다고 전한다. 근검절약을 실천하는 모습을 강조함으로써 독재자를 미화하려는 의도가 엿보이는 대목인데, 사실 여부를 확인할 길은 없다.

반면 그의 딸 박근혜 전 대통령은 화장실에 관한 한 전혀 다른 면모를 보인 것으로 전해진다. 송○○ 전 의원이 폭로한 일화가 있다. 그가 인천시장으로 근무하던 시기 국정간담회를 위해 박근혜 대통령이 인천을 방문했을 때의 일이다. 현장 실사를 위해 미리 인천시청을 방문한 청와대 경호실에서 멀쩡한 시장실 변기를 뜯고 새 변기를 설치했다는 것이다. 변기 커버만 바꾸자는 요청은 받아들여지지 않았다. 박 대통령이 여성인 점을 감안하더라도 일회성 방문을 위해 변기를 통째 바꾸는 것은 재정 낭비 외에는 달리 설명할 방법이 없다. 본인의 뜻인지 참모들의 과잉 의전인지는 몰라도, 아무튼 그녀의 생활은 아버지의 근검절약 정신과 큰 차이가 있는 것 같다.

  어쨌든 화장실 변기 물통 속에 벽돌을 넣어두면 그 부피만큼의 물이 절약되는 것은 사실이다. 벽돌 대신에 페트병에 물을 채워 넣어두는 사람도 있다. 변기의 버튼은 한 번 누를 때마다 약 12~15리터의 물이 쏟아지고, 절수형이라 해도 최소 6리터 이상의 물이 나온다. 통계에 의하면 우리나라 사람은 하루에 평균 다섯 번 수세식 변기를 사용한다고 하니, 한 사람당 매일 70리터 이상의 물을 사용하는 셈이다. 그러고 보면 화장실은 근심을 해소하는 곳이기 전에 엄청난 양의 물을 낭비하는 곳이 분명하다.

아프리카 지역은 매년 사막화가 확대되고 있다. 사하라 사막 남쪽으로는 매년 48킬로미터씩 사막이 생겨나고 있다. 지금도 사하라 사막 이남 차드, 수단, 나이지리아, 에티오피아 등에 사는 사람들은 15리터의 물을 구하기 위해 매일 평균 네 시간을 걸어 다닌다. 그들은 하루에 불과 약 4.5리터의 물을 사용한다고 한다. 우리의 배변 활동이 얼마나 호사를 누리는 일인지 가히 짐작할 수 있다. 일부 공공기관 화장실에서는 냄새 제거 차원에서 볼일을 보는 동안 수시로 물을 내리라는 문구가 붙어 있는 것을 지금도 볼 수 있다. 소변 떨어지는 소리를 감추기 위해 계속 물을 내리는 사람도 있다. 아프리카 사람이 본다면 경악할 일이다.

다소 결이 다른 이야기일 수 있지만, 식품의약품안전처에서는 여전히 식중독 등 감염병 예방을 위해 흐르는 물에 비누로 30초 이상 손 씻기 캠페인을 하고 있다. 우리나라 사람이 모두 그렇게 손을 씻는다면 건강은 유지하겠지만 환경엔 어떤 결과를 초래하게 될까? 우리나라는 분명 물 부족 국가다. 강우량은 주로 장마철에 집중되어 가뭄이 잦다. 모든 땅이 잘 포장된 탓에 빗물은 땅속으로 스며들지 못하고 강으로, 바다로 흘러가 버린다. 지금 우리는 지하에 갇혀 있어야 할 물까지 억지로 뽑아다 쓰고 있다.

우리 집 화장실 변기 물통 속에는 벽돌 두 개가 들어있다. 칭찬받을 일이다. 그리고 나는 집에서 소변을 본 후에 습관적으로 물을 잘 내리지 않는다. 변기 뚜껑만을 덮어둔다. 역시나 폭풍 칭찬할 일이다. 그러면 후각이 발달한 아들 녀석이 지린내 난다며 냉큼 달려가 물을 내리고 환풍기를 켠다. 그에게 이런 말을 해주고 싶다.

"아들아, 지구 환경을 생각하자. 아니, 아파트 관리비 좀 생각하면 안 되겠니? 돈은 내가 번다, 이놈아!"

21
환경정화원과 녹색수거차
인분 수거의 변천사

지금은 자주 볼 수 없지만, 예전에는 분뇨 수거차가 한 달에 한 번꼴로 동네에 출몰했다. 익숙한 멜로디의 음악을 크게 튼 녹색 차량이 골목에 들어서면 인부 서너 명이 방울 소리를 울리며 "똥 퍼!"라고 외치고 돌아다녔다. 지금 생각해 보면 그 익숙했던 멜로디는 베토벤의 '엘리제를 위하여'였던 것 같다. 소독차만 보면 달려들던 아이들은 똥차를 보면 코를 막고 도망갔다. 누군가 손을 흔들어 부르면 인부들은 차량에 감겨 있던 호스를 풀어 그 집으로 질질 끌었다.

호스가 닿지 않는 집에는 인부가 직접 통을 들고 날랐다. 큰 통을 좌우로 두 개 매단 장대를 어깨에 지고 다녔는데, 걸을 때마다 배설물이 찰랑거리다 넘치곤 했다. 그러면 이웃은 못마땅한 얼굴로 꼭 치우고 가라고 볼멘소리를 했다.

그 찰나를 이용해 아이에게 왜곡된 직업교육을 하는 부모가 꼭 있었다. 코를 막고 비켜선 아이에게 젊은 엄마는 이렇게 말했다.

"공부 안 하면 너도 저렇게 돼."

한국식 카스트 제도의 민낯이다. 옆에서 듣고 있던 나도 그런 줄 알았다. 소독차를 모는 사람은 멋있었지만, 똥차를 타고 다니기는 죽기보다 싫었다. 그렇다고 공부를 열심히 하지는 않았다. 노래도 있었다.

○○○ 아버지는 똥 퍼요
그렇게 잘 풀 수가 없어요
한 번만 펐다 하면 한 번만 펐다 하면
건더기 하나 없이 다 퍼요

아버지가 꼭 인분 수거인이어서 노래한 건 아니었다. 그저 아무나 놀리기 위해 불렀다. 술자리에서는 대학생들도 불렀다. 누군가에게 술을 강권하면서 그 사람이 술을 마실 때까지 떼창하던 노래다. 왜 하필 똥 푸는 직업으로 개사를 했는지는 모르겠다. 직업에 귀천이 없다고 배우고 돌아서서는 직업을 차별하는 노래를 불러댔으니 가히 이상한 시대였다. 어쨌든 가사 그대로 한 번만 퍼도 깨끗하게 다 푸는 사람은 장인이 아닌가.

달동네에서도 조금 위에 있었던 우리 집에는 똥차의 호스가 닿지 않았다. 게다가 인부를 부르기에는 삯이 비쌌다. 인부는 한 통을 퍼낼 때마다 장부에 체크를 하고 나중에 통 단위로 얼마씩 받았다. 그래서 물만 가득 담고 건더기는 담아가지 않는다고 집주인과 종종 실랑이가 벌어지곤 했다. 가난한 아버지는 변소를 직접 펐다. 일단 엄청난 양의 물을 부어 오랫동안 굳어 있던 배설물을 묽게 했고, 긴 장대로 한참을 휘휘 저었다. 퍼낸 배설물은 집 뒤 몇 평 안 되는 밭에 미리 파 둔 구덩이로 들어갔다. 아버지는 거기서 깻잎과 고추, 상추와 호박을 키웠고, 그 수확물은 거의 매일 우리 밥상에 올라왔다. 더럽다고 생각하지는 않았다. 으레 그러려니 했던 시절이었다.

분뇨 수거라는 직업의 역사는 오래되었다. 런던에는 16세기에 이미 분뇨를 수거하는 사람들이 등장했다. 상하수도 시설이 갖추어지기 전 인분이나 쓰레기를 거리에 쏟아 버리던 시대였다.

인구가 급증하면서 오물 처리가 사회적 문제로 대두되었고, 이에 런던시에서는 곳곳에 공중화장실을 만들고 분뇨 수거인을 고용했다. 그들은 주로 저녁 아홉 시에서 새벽 다섯 시까지 야간에만 작업을 하도록 되어 있었다. 촛불에 의지해 일하다 인분에 빠지고 심지어 악취와 유독가스에 희생되는 일이 잦았다고 하니 극한직업이 따로 없었다.

우리 동네에도 분뇨 수거인이 있었다. 70대의 술주정뱅이 노인이었다. 그는 집집마다 돌아다니며 변소 푸는 걸 자처했다. 노동의 대가는 무척 저렴했다. 담배 세 갑에 소주 다섯 병을 받고 그는 그 일을 묵묵히 해냈다. 깡마른 몸으로 통을 지고 나르는 걸 보며, 어린 나는 그가 정말 공부를 안 했나보다 생각했었다.

나는 변소를 푸는 날이 싫었다. 묵혔던 배설물이 파헤쳐지며 솟구친 악취가 일주일 넘게 지속되었기 때문이다. 무엇보다도 배설을 할 때마다 똥물이 엉덩이까지 튀는 게 여간 찜찜하지 않았다. 힘 줄 때마다 똥물을 피해 재빨리 옆으로 비켜서는 기량은 누가 가르쳐주지 않아도 본능적으로 익혔다.

이제 녹색 수거차는 보기 힘들어졌다. 환경정화원을 부를 필요도 없다. 그저 밸브를 누르기만 하면 된다. 지금도 전 세계인의 3분의 1밖에 누리지 못하는 행복이다.

22
전쟁보다 강한 바이러스
콜레라에서 코로나19까지

시장에서 생굴을 사 먹은 게 사달이 났다. 구토, 메스꺼움, 오한, 복통, 설사가 한 번에 밀려왔다. 전형적인 노로바이러스 장염이었다. 아내와 난 번갈아가며 화장실을 들락거리다 밤 열두 시가 다 되어가는 시각에 기어이 인근 대학병원 응급실을 찾았다. 아내를 먼저 들여보낸 후에 차를 세워놓고 다시 응급실로 들어가 접수를 하고 있는데 아내에게서 문자가 왔다.

"17만 원 결제했어요."

아무리 응급실이라 하더라도 너무한다 싶었다. 나는 그냥 견디기로 하고 접수를 취소했다. 검색해 보니 노로바이러스에 대한 항바이러스제는 없고, 치료하지 않아도 며칠 내 자연적으로 회복한다고 되어 있었다. 아내는 그새 수액 바늘을 꽂고 누워 시름시름 앓고 있었다. 나는 계속 화장실을 다녀오며 아내 곁을 지켰다. 밤새 위아래로 물을 쏟았다. 이튿날 아내는 비싼 야채죽 한 그릇을 사 먹고 완전히 기운을 회복했다.

노로바이러스 감염과 초기 증상은 비슷하지만 더 치명적인 증상을 보이는 것으로 콜레라가 있다. 이 콜레라를 조선시대에는 호열자라 불렀다. 일본에서 한자로 음차한 것을 받아들여 그렇게 불렀다는 것이 정설인데, 글자 그대로 호랑이가 맹렬하게 할퀴듯이 아픈 병이라는 의미도 갖고 있다. 그만큼 고통스럽고 치사율도 높았다. 콜레라는 공기나 체액으로는 감염되지 않고, 감염된 사람의 배설물로 오염된 물이나 음식을 섭취함으로써 감염된다. 경증일 때는 배가 아프고 화장실에 몇 번 다녀오는 것으로 끝나기도 하지만, 중증일 때는 아주 심한 구토와 설사를 야기한다.

우리 몸의 소장은 수분을 흡수하는 역할을 하는데, 콜레라균의 독소가 소장에서 대량의 수분을 배출하게 자극한다. 하루에 10리터 또는 그 이상의 설사를 하기도 하고 심한 경우 몸무게의 30퍼센트에 달하는 양의 수분을 배출시킨다. 이로 인해 탈수 상태에 빠지게 되면 혈압이 떨어지고 근육 경련 증상이 나타나고, 신부전이나 혼수상태에 빠져 사망에 이르기도 한다.

콜레라균은 고온에는 취약하지만 영하의 기온에서도 왕성하게 활동할 정도로 생명력이 강하다. 다시 말해 전 세계 어느 환경에서도 살아남을 수 있다. 잠복 기간도 수 시간에서 5일 이내로 매우 짧아 전염의 가능성이 높다. 치료법은 의외로 간단하다. 수액을 주입하여 손실된 수분과 전해질을 공급함으로써 체내 전해질 불균형을 교정한다.

콜레라 외에 인류의 생존에 치명적이었던 전염병으로는 흑사병과 스페인독감, 결핵이 있다. 특히 흑사병은 14세기 중반에 등장해 순식간에 유럽 전역으로 퍼져나갔고, 당시 유럽 인구의 3분의 1에 해당하는 1억 명 정도를 죽음으로 몰고 갔다. 흑사병 대유행 이후 한동안 잠잠했던 전염병은 콜레라가 창궐하면서 전 세계를 공포의 아수라장으로 만들었다.

콜레라균은 원래 인도의 갠지스강 하류 지역에서만 존재했던 풍토병이었다. 19세기에 이 지역을 식민지화했던 영국으로 전염되기 시작했고, 이후 러시아와 아프리카 등지로 퍼져나가면서 당시 약 1,500만 명이 사망한 것으로 알려져 있다. 우리나라도 예외는 아니어서 순조 21년인 1821년부터 수년간 괴질이 유행해 10일 동안 1천여 명이 사망했다는 기록이 있다.

당시에는 병원균에 오염된 공기가 콜레라의 원인이라는 근거 없는 믿음이 팽배했다. 이를 불식시킨 건 영국의 의사 존 스노 John Snow였다. 그는 콜레라의 발생지를 추적하여 배설물에 오염된 물이 콜레라의 원인이라는 것을 알아냈다. 1854년의 일이다. 그러나 그것을 입증할 만한 과학적인 증거가 없어 그의 주장은 공식적으로 학계에 받아들여지지 않았다. 존 스노는 현미경으로 오염된 물을 관찰했지만, 당시 사용하던 현미경의 수준으로는 미세한 균을 발견할 수 없었다. 이후 1883년 독일의 세균학자 로베르트 코흐Robert Koch가 개선된 현미경으로 콜레라 병원균을 찾아냄으로써 콜레라 종식의 서막을 열었다.

존 스노는 오염된 물이 콜레라의 원인임을 밝혀낸 공으로 '역학의 아버지'라는 타이틀을 얻었고, 로베르트 코흐는 탄저균, 결핵균, 콜레라균을 발견한 공로를 인정받아 '공중보건의 아버지'라 불린다. 음악의 아버지, 역사의 아버지, 수학의 아버지, 헌법의 아버지 등 세상에는 아버지가 참으로 많다. 진짜 나의 아버지는 음, 그냥 아버지다.

어쨌든 존 스노와 로베르트 코흐의 과학적 분석과 발견은 잘 정비된 하수시설과 깨끗한 식수 공급의 중요성을 일깨우는 계기가 되었고, 이로 인해 콜레라의 유행은 멈추었다. 많은 나라가 공식적으로 콜레라 종식을 선언했고, 현재는 사회적으로 낙후되고 가난한 지역에서 발생하는 '후진국 병'이라는 인식이 강하다.

하지만 위생시설이 제대로 갖추어지지 않았거나 자연재해나 전쟁 등으로 위생 상태가 악화될 경우 콜레라는 언제든 돌아올 수 있다. 터미네이터 돌아오는 비현실적인 얘기가 아니다. 알베르트 카뮈는 소설 『페스트』의 말미에 이렇게 썼다.

> 페스트균은 결코 죽거나 소멸되지 않으며, 수십 년 동안 가구나 내복에 잠복해 있고, 방이나 지하실, 트렁크, 손수건, 낡은 서류 속에서 참을성 있게 기다리고 있다는 사실을 그는 알고 있었다. 또한 인간들에게 불행과 교훈을 주기 위해 페스트가 쥐들을 다시 깨우고, 그 쥐들을 어느 행복한 도시로 보내 죽게 할 날이 오리라는 사실도 그는 알고 있었다.

아주 최근까지도 아이티, 시리아, 레바논 등 세계 29개국에서 콜레라가 재유행했다는 것이 그를 증명한다. 세계보건기구에 따르면 아직도 매년 130만~140만 명의 콜레라 환자가 발병해 이 중 2만8천~14만2천 명이 사망한다.

> "만약 앞으로 몇십 년간 무엇인가가 천만 명이 넘는 사람들을 죽인다면 그건 전쟁이 아니라 전염성이 매우 강한 바이러스일 것이다."

2015년 빌 게이츠가 테드 강연에서 한 발언이다. 예언과도 같았던 이 말은 불과 5년 뒤 코로나19 팬데믹으로 현실이 되었다. 화장실을 비롯한 위생시설 개선은 여전히 미완의 숙제로 남았다.

   아내가 회복한 뒤로도 나는 만 하루를 더 자리보전했다. 17만 원을 아낀 대가였다. 구토와 설사로 제정신이 아닌 상황에서 아내는 왜 병원비가 비싸다는 문자를 보냈을까?

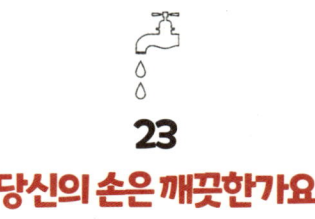

23
당신의 손은 깨끗한가요
'세계 손씻기의 날'이 있는 이유

마이크로소프트 공동창업자 빌 게이츠가 2013년에 방한해 당시 박근혜 대통령과 악수하는 사진이 논란이 된 적이 있다. 바지 주머니에 한 손을 찔러 넣은 채 악수를 했기 때문이다. 국가원수를 만나는 자리에서 결례를 저질렀다, 만만히 보는 것인가 등의 부정적인 여론이 형성되었다. 미국 언론에서도 국제적인 예의를 숙지했어야 했다는 비판이 일었다.

빌 리처드슨 전 뉴멕시코 주지사는 1995년 사담 후세인 이라크 대통령과 협상하는 자리에서 다리를 꼬고 앉아 발끝이 후세인의 얼굴 쪽으로 향하는 바람에 후세인이 협상장을 박차고 나간 일이 있었다. 빌 클린턴 대통령도 2004년 태국을 방문했을 때 아이의 머리를 쓰다듬었다가 논란을 빚은 바 있다. 태국에서 머리는 함부로 만지면 안 되는 성스러운 것으로 여기는 관습이 있기 때문이다.

어쨌든 박 대통령과의 악수에서 사람들이 빌 게이츠의 왼손을 주목했을 때 나는 그의 악수하는 오른손에 눈길이 갔다. 우리나라에 도착했을 때 그는 분명 최소한 한 번은 화장실에 갔을 것이다. 과연 그는 볼일을 본 후 손을 씻었을까?

쓸데없는 의문이 아니다. 1958년에 만들어진 'F-다이어그램'에 따르면 사람의 분변은 보통 다섯 가지 'F' 경로를 거쳐 입으로 들어간다고 한다. 액체fluid, 밭field, 손가락finger, 파리fly, 음식food이 그것이다. 항문에서 입으로 옮겨 가는 경로를 차단하는 것이 분변성 질병 차단의 목표이며, 그 기본은 분리다.

런던대학교 위생열대의학대학원의 발레리 앤 커티스Valerie Ann Curtis 교수가 대학원생을 대상으로 화장실에서 손을 씻는 학생의 비율을 조사한 연구가 있다. 조사 대상이 질병 감염을 공부하는 학생들임에도 불구하고 약 60퍼센트가 손을 씻지 않는 것으로 나왔다. 커티스 교수 연구팀이 영국 열두 개 도시에서 390개의 휴대폰을 수집해 샘플 조사를 벌인 연구도 있다. 결과는 놀라웠다. 응답자의 손과 휴대폰의 16퍼센트에서 대장균이 검출되었다. 다시 말해 휴대폰 여섯 대 중 한 대가 대변에 오염되어 있다는 것이다.

이 연구팀은 최근에 런던의 출근길 손 위생 검사를 실시하기도 했는데, 조사에 응한 열 명 가운데 세 명이 불합격 판정을 받았다. 시민 409명 중 28퍼센트의 손에서 장구균, 대장균, 클렙시엘라, 판토에아 등 대소변과 관련된 세균의 양성반응이 나왔다. 커티스 박사는 "이렇게 많은 사람들의 손에 대소변 균이 묻어 있을 줄은 몰랐다."며, "화장실을 다녀왔을 때뿐만 아니라 식사나 요리하기 전, 동물을 만진 뒤에는 반드시 비누로 손을 씻어야 한다."고 말했다.

그럼 영국인만 더러운 것일까? 우리나라 질병관리청이 2023년에 성인 3,217명에 대한 관찰조사와 1,578명에 대한 설문조사를 한 결과를 발표했다. 용변을 본 뒤 손을 씻지 않는 비율은 남성이 37.5퍼센트, 여성이 20.4퍼센트로 나왔다. 그나마 코로나 시국을 겪으면서 위생 관념이 강화된 때문에 예상보다 낮은 비율이 나오지 않았을까 싶다. 손을 씻지 않는 이유로는 '귀찮아서' 38.8퍼센트가 가장 많았고, '바빠서' 25퍼센트, '습관이 되지 않아서' 15.2퍼센트가 뒤를 이었다.

유니세프에 따르면, 화장실을 다녀온 뒤 비누로 손을 씻으면 설사병의 44퍼센트, 호흡기 감염병의 30퍼센트를 줄일 수 있다고 한다. 오죽하면 유엔에서 '세계 손씻기의 날'을 지정했을까. 매년 10월 15일이다. 결론적으로, 손을 잘 씻는 습관은 본인 건강과 타인의 안전을 지키는 '셀프 백신'이다.

예전에 인성부장으로 근무할 때 아침마다 교문에서 학생들을 맞이했다. 한 명 한 명 이름을 불러주며 하이파이브를 하면 학생들은 무척 행복해 했다. 당시 손을 잘 씻지 않는 남성 37.5퍼센트에 내가 포함되어 있었다는 것은 굳이 고백하고 싶지 않다. 교감이 된 지금도 교문에서 매일 모든 학생들과 하이파이브를 한다. 손은 잘 씻는다. 진짜다.

24
오줌의 쓸모
구강세정제에서 염색제까지

중학교 3학년 여름방학을 맞아 친구들과 함께 바다에 갔을 때의 일이다. 평일인데다 약간 우중충한 날씨 탓에 사람이 그리 많지는 않았다. 바닷물은 서늘했다. 물놀이를 하며 한창 놀고 있는데, 친구 한 명이 외마디 비명을 질렀다. 해파리에 다리를 쏘였던 거다. 우리는 친구를 모래사장에 앉히고 상처를 살폈다. 쏘인 부위가 약간 부어오르고 홍반이 보였다. 그때 누군가 해파리에 쏘였을 때는 오줌이 약이라고 했다. 그런 민간요법을 어디선가 들은 기억이 나기는 했다.

친구는 다리를 부여잡고 거의 울먹울먹한 표정으로 앉아 있었다. 우리는 그를 둘러싸고 서서 수영복 바지를 내렸다. 그리고 상처 부위를 향해 일제히 오줌을 싸기 시작했다. 갑작스런 오줌 세례에 당황한 친구는 오줌을 피하려 했다. 그럴수록 오줌은 그의 다리뿐만 아니라 전신에 쏟아졌다. 그는 더러워서 죽는 것보다 차라리 해파리에 쏘여 죽겠다며 그만하라고 했다. 우리는 모두 방광을 비웠고, 그는 오줌을 씻으러 다시 바다에 뛰어들었다. 물놀이는 계속되었다.

실제로 소변의 암모니아 성분이 독을 중화시킨다는 속설이 있다. 의학적으로는 전혀 근거가 없다고 한다. 오히려 더 위험해질 수 있으며, 해파리에 쏘였을 때 마땅한 처치 방법이 없다면 바닷물로 상처 부위를 세척하는 것이 낫다고 한다.

역사 속에 등장하는 오줌은 다양한 용도로 사용되었다. 고대 로마 시대 사람은 오줌을 구강세정제로 사용했다. 오줌으로 입안을 헹구면 치아가 하얗게 되고 잇몸이 튼튼해진다고 믿었다. 1세기경 로마의 의사들은 포르투갈인의 소변으로 양치질을 하면 미백 효과가 있다고 주장했다. 그래서 상류층 로마 여인들은 포르투갈인의 소변을 비싼 값에 수입해 사용했다.

오늘날의 과학으로 볼 때 전혀 근거가 없는 것은 아니다. 소변 속 암모니아에 미백 효능이 있다고 한다. 물론 포르투갈인의 소변이 특별할 이유는 없다. 다만 로마까지 공수되는 긴 시간 동안 암모니아 성분이 강해졌기 때문일 것이다. 그 전통이 지금까지 이어졌다면 호날두는 축구보다 오줌으로 돈을 더 많이 벌었을지도 모른다.

오줌은 비누 역할도 했다. 고대 로마인이 삭힌 오줌과 표백토라는 찰흙을 섞어 비누 대용으로 사용했다는 기록이 있다. 오줌은 단백질과 지방을 분해하는 세정 효과가 탁월했다. 당시 세탁 상인들은 오줌을 지속적으로 공급받기 위해 자기 집 앞에 항아리를 놓아두고 행인들이 소변을 볼 수 있게 했다. 인력을 고용하여 소변을 수집하기도 했다. 양털로 옷을 만드는 섬유업자들도 오줌을 수거해 사용했다. 양털로 옷을 만들기 위해서는 양털에 낀 때와 기름을 벗겨야 하는데, 오줌의 효과가 좋았다고 한다.

황실 운영과 전쟁을 위해 많은 자금이 필요했던 베스파시아누스 황제는 소변세를 징수하는 묘수를 냈다. 오줌 항아리를 수거하는 세탁업자와 섬유업자들에게 세금을 걷은 것이다. 당연히 이에 대한 불만과 항의가 빗발쳤지만, 촛불집회나 탄핵 시도는 없었다. 이런 이유로 1980년대까지 이탈리아와 프랑스에서는 공중화장실을 '베스파시아노'라 불렀다.

단단한 검을 만들기 위해 담금질 과정에 인체의 일부나 오줌을 첨가하기도 했다. 인체와 오줌에는 질소 원자를 포함하는 요소와 단백질 등 다양한 화합물이 섞여 있다. 이 질소 화합물이 철과 반응하면 아주 단단해지는 성향이 있어 유럽에서는 오줌을 사용했고, 일본 사무라이들은 사람을 제물로 썼다고 한다.

우리나라에도 비슷한 이야기가 있다. 신라시대에 만들어진 성덕대왕신종, 일명 에밀레종에 얽힌 설화다. 오늘날의 기술로도 재현하기 힘든 소리를 낸다는 그 종에 인신공양의 전설이 깃들어 있다. 끓는 쇳물에 어린아이를 던져 넣은 후에야 비로소 소리가 났다는 것인데, 이는 한동안 진실로 받아들여졌다. 종의 성분을 조사해서 사람의 뼈에 들어있는 인 성분이 나오는지 여부를 알아보기 위한 실험이 실제 있었다. 1998년에 시료를 채취하여 극미량 원소분석기로 분석해 보았지만 인 성분은 검출되지 않았다고 한다. 역시 전설은 그냥 전설로 남겨 두어야 제맛이다.

오늘날에도 오줌은 다용도로 사용되고 있다. 북극의 이누이트족은 오줌을 모아서 식기를 씻고, 식사 후 오줌을 적신 풀로 입을 씻는다. 일부 아메리카 원주민은 서로의 신체에 오줌을 뿌려

몸을 씻고, 끓인 오줌으로 목욕을 하기도 한다. 베인 상처가 감염되지 않도록 하는 살균제로 오줌을 사용하기도 하고, 마취제나 환각제, 때론 강장제로 사용하기 위해 오줌을 마시기도 한다. 여러 논란이 있지만 지금도 자기 소변을 마시는 건강법, 일명 '요로법'을 믿고 실천하는 사람이 있다. 의외로 많다. 나는 아니다.

아무튼 오줌은 인류에게 최초의 비누였고 주방세제였으며, 염색제였고 보양식이었다. 미신과 신화가 정신을 지배했던 시기에도 사람들은 의식하지 못한 채 과학의 길을 걸어왔다. 오줌을 더러운 것으로 취급했던 민족은 정작 더러운 삶을 살았고, 오줌의 가치를 알고 잘 활용했던 민족은 번성했다.

현재도 오줌을 활용하는 기술의 개발은 진행형이다. 오줌으로 강화 벽돌을 만들고, 의약품을 제조하고, 전기를 생산한다. 오줌의 변신은 무죄다. 미래에 우리는 오줌의 어떤 기발한 쓸모를 대면하게 될까?

가끔 해파리냉채를 먹을 때가 있다. 그러면 중학교 그 시절의 기억이 소환된다. 사람에게 오줌을 싼 건 그때가 처음이자 마지막이었다. 해파리에 쏘인 상처의 해독을 위한 것이었지만 기실 장난기가 발동하지 않은 것은 아니었다. 궁금하다. 우리의 오줌을 뒤집어썼던 '그 친구는 어떻게 살고 있을까?'

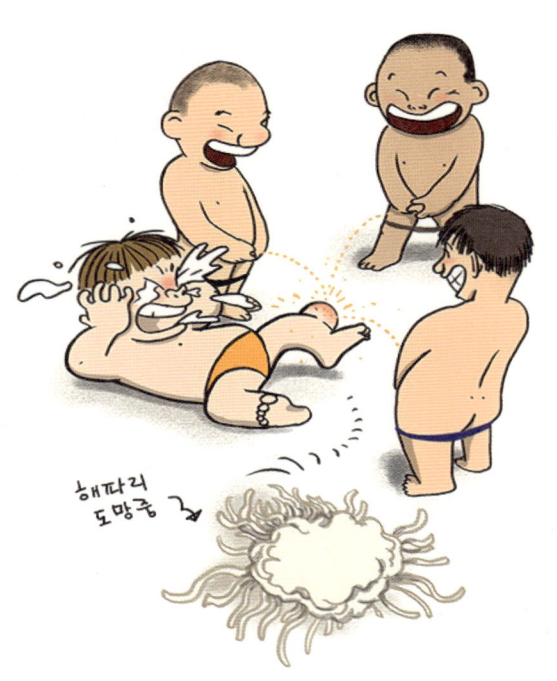

25
역린을 건드리면
바다를 지켜줘

    어느 고등학교에 근무할 때의 일이다. 50대 후반의 교감에 대해 두 가지 소문이 돌고 있었다. 하나는 그가 매우 부자라는 것이었고, 또 하나는 그의 머리가 가발이라는 것이었다. 자세히 보면 어딘가 부자연스럽기도 하고 아닌 것 같기도 했다. 가발을 벗은 모습을 본 적이 있다는 증언도 있었고, 머리 손질을 잘 못해서 그렇게 보인다는 주장도 있었다. 아무튼 돈이 많아서 비싼 가발을 쓰는 것으로 일단락 지어졌다.

    얼마 후 진실이 밝혀졌다. 교직원끼리 배구를 하던 날이었다.

교감은 키가 커서 센터 역할을 했다. 경기 도중 상대편 공격수가 스파이크를 날리려는 순간 교감이 블로킹을 시도했다. 공은 교감의 손을 피해 머리를 가격했다. 그때 우리는 생방송으로 진실을 목도했다. 이마 위에 있어야 할 교감의 앞머리가 오른쪽 귀에 가 있었다. 교감은 불같이 화를 내며 강당을 뛰쳐나갔다. 이후 공을 날린 선생님에 대한 교감의 반격이 시작되었다. 역린을 건드린 결과는 혹독했다. 그 선생님은 사사건건 시비를 거는 교감의 갑질을 이기지 못하고 이듬해 다른 학교로 자리를 옮겨야 했다.

우리나라에서는 물 위에 주택이 있는 것이 생소하지만 다른 나라에서는 수상가옥을 쉽게 발견할 수 있다. 수상가옥 하면 흔히 동남아를 떠올리게 되는데, 네덜란드, 미국, 이탈리아, 일본 등 선진국에서도 바다나 호수 위에 지어진 수상가옥을 많이 볼 수 있다. 이들 나라의 수상가옥이 동남아와 다른 점은 2층 이상의 고급 주택으로 지어진 것이 많고, 소유주가 요트나 보트를 가진 중산층 이상의 경제적 능력을 갖고 있다는 것이다. 당연히 화장실 등 생활에 필요한 모든 설비가 갖추어져 있다. 일부 수상가옥은 육지에 지어진 집보다 더 비싸다.

반면 동남아의 수상가옥은 낭만과 거리가 멀다. 물 위에 산다는 것은 너무 가난해서 육지에 한 뼘의 땅도 가질 능력이 없다는 얘기다. 그들은 물 위에서 태어나 평생을 물 위에서 살다 간다. 제대로 된 교육을 받지 못해 가난을 되물림하고 있으며, 그 어떤 문명의 혜택도 누리지 못한다. 특히 화장실 등 위생시설이 취약하다. 그래서 평균 수명은 보통 수준이지만 건강 수명이 다른 나라에 비해 상대적으로 낮다.

베트남 메콩강 유역의 수상가옥에는 화장실이 있지만 사실상 화장실이 따로 없다. 사람들은 강 위에 얼기설기 엮은 대나무 판을 올려두고 그 위에서 볼일을 본다. 그야말로 자연인이다. 강에 바로 떨어지는 배설물은 물고기가 먹는다. 물 위에는 분변 덩어리가 둥둥 떠다닌다. 각종 생활 폐수도 강에 버린다. 그 더러운 물을 마시고, 또 그 물에서 어로 활동을 한다. 나는 왜 중년남성들이 <나는 자연인이다>에 열광하는지 모르겠다.

캄보디아 씨엠립의 남쪽에 위치한 톤레사프 호수는 아시아에서 가장 큰 호수다. 우기에 범람하면 면적이 무려 16,000 제곱킬로미터에 달하는데, 이는 경기도와 제주도를 합한 정도의 크기다. 얼핏 보면 바다라 할 정도로 끝이 보이지 않는다. 한강 정도는 오줌 줄기에 불과한 크기다. 톤레사프 호수에는 수천여

채의 헤아릴 수 없을 정도로 많은 수상가옥이 있다.

화장실이 따로 있는 집도 간혹 있지만, 메콩강과 마찬가지로 대부분은 바닥을 뻥 뚫어 볼일을 본다. 이 오수는 여과 없이 호수로 흘러 들어간다. 이 물을 식수로 활용하거나, 호수에서 잡은 물고기를 먹는 까닭에 설사와 콜레라 등에 취약하다. 5세 이하 어린이들의 주요 사망원인이 설사라 한다. 사실 오염물의 해양 투기에 관한 한 우리나라 역시 최근까지도 후진국의 행태를 벗어나지 못했다. 2006년부터 단계적으로 해양 투기를 금지하는 런던협약 및 런던의정서에 가입하면서 폐기물을 육상에서 처리하기 시작했는데, 그 이전까지는 수세식 화장실의 인분 처리물은 물론 돼지나 소 등의 배설물까지 바다에 버려왔다.

배설물을 바다에 버린 이유는 처리 시설이 부족했고 저렴한 처리 비용이 한몫했다. 바다에 유기한 배설물은 적조를 야기했고, 적조가 축적된 패류를 사람이 먹고 중독으로 이어져 사망하기까지 했다. 환경에 대한 인식이 개선되고 하수처리장의 현대화 사업이 진척을 보인 것은 따지고 보면 그리 오래되지 않았다.

바다 한가운데서 고기를 잡거나 양식장에서 일하는 사람들의 무단 방뇨도 심각한 문제를 초래한다. 약 10년 전에는 미국으로 수출하는 남해안 양식 굴에서 노로바이러스가 검출되면서 대미

수출이 전면 금지되어 어민들이 큰 피해를 입기도 했다. 무단 방뇨가 원인이 된 이 사건 이후 경상남도에서는 바다 한가운데에 공중화장실을 만들었다. 뗏목 위에 화장실을 설치하고, 양식 어민이 배에서 사용한 이동식 화장실을 씻을 수 있는 처리장도 갖추었다. 세계 최초다.

꾸준히 설치된 바다 화장실은 현재 남해군에서 거제시까지 17곳에 이른다. 자체 정화 시스템을 갖춰 운영비 부담이 크지 않다는 장점이 있다. 문제는 설치 비용이다. 하나에 거의 1억 원 정도가 든다고 한다. 물론 해양 오염을 막는다는 차원에서 보면 큰 출혈이라고 보긴 어렵다. 비용을 90퍼센트 이상 획기적으로 줄이는 방법이 없는 것은 아니다. 대통령이 언론 카메라를 몰고 와 바다 화장실 짓는데 1천만 원 정도면 합리적인 가격 아니냐고 한마디 해주면 된다. 화장실 문화만큼은 우리나라가 선진국이라고 자부한다. 여기에 바다 화장실까지 갖추었으니 충분히 국격을 선양했다고 본다. 2013~2015년 통계치로 볼 때 수산물을 가장 많이 먹는 나라는 놀랍게도 우리나라라고 한다. 일본과 중국이 그 뒤를 이었다. 바다의 오염은 결국 우리에게 돌아온다. 교감을 분노케 한 선생님은 학교를 옮기면 그만이지만 우리는 바다를, 지구를 떠날 수 없다. 바다는 역린이다.

화장실이 대중에게 보급된 것은
19세기에 들어와서였다.
건강한 노동력을 확보하기 위한
자본가의 필요에 따른 조처였다.
사생활 또는 프라이버시의 역사는 짧다.
그리고 우리의 생각과는 달리
인권과 무관하게 시작되었다.

4장

**똥과
인권**

26
배후 공간이 필요해
홀로 있고 싶어요

중학교 1학년 때 화장실에서 오줌을 갈기고 있는데, 뒤에서 싸움이 벌어졌다. 수업 시간 내내 오줌을 참았던 터라 차마 끊지 못하고, 다 싸고 나서야 싸움을 말리는 대열에 끼어들었다. 두 녀석은 선생님 앞에 불려가서도 여전히 화를 삭이지 못하고 씩씩거렸다.

한 녀석이 오줌을 싸고 있는데 다른 녀석이 뒤에서 친구의 가랑이 사이로 오줌을 갈긴 것이었다. 좀 심하다 싶긴 했다. 여자였던 담임 선생님은 '그게 가능할까?'라는 표정으로 그 상황을 그려보는 듯했다. 당시에는 그걸 장난이라 하고 요즘 말로는 학교폭력이라고 한다. 어떻게 결론이 났는지는 기억나지 않는다.

남자는 여전히 원시적이다. 주위의 각종 위험으로부터 자신을 보호하기 위해 경계를 게을리하지 않았던 원시 인류의 DNA를 보존하고 있다. 남자는 화장실에서 소변을 볼 때 옆에 모르는 사람이 갑자기 나타나면 대충 빨리 해결하는 경향이 있다. 내 얘기가 아니다. 미국 오클라호마 대학교 심리학과 교수 데니스 미들미스트 Dennis Middlemist가 오래전에 실험으로 이것을 증명했다.

실험에 따르면, 혼자 소변을 볼 때는 지퍼를 내리고 오줌이 나오는 데 평균 5초가 걸리는 것이 옆에 일면식도 없는 사람이 있으면 평균 8.5초로 더 늦어지고, 반면 배뇨 시간은 7초 이상 줄어드는 경향이 있다고 한다. 무방비 상태에서 느끼는 불안을 빨리 해소하고자 하는 의식의 발로라 할 수 있다. 남자의 심리도 놀랍지만 이런 논문을 써서 월급 받아먹는 학자가 있다는 게 더 놀랍다. 심리학자 김정운은 이런 현상을 '배후 공간의 부재'라는 개념을 빌어 설명했다. 자신의 영역을 침범당했다는 본능적인 느낌 때문이라는 것이다. 좀 심한 경우 누군가 옆에 있을 때 아예 소변을 못 보는 사람도 있다. 이런 증상을 의학적으로 '부끄러운 방광 증후군'이라고 하는데, 그 원인은 아직 명확히 밝혀지지 않았다.

복잡한 사회적 관계 상황에 따라 가면을 바꿔 쓰듯 다양한 정체성을 지닌 현대인을 일컬어 '멀티 페르소나Multi Persona'라고 한다. 사회적 관계망이 발달한 요즘 용어로는 일명 '부캐'라고도 한다. 배후 공간은 상황에 맞게 바꿔 쓰는 페르소나를 벗고 진짜 자신, 즉 '본캐'에 몰입할 수 있는 심리적 안전영역을 말한다. 다시 말해, 다른 사람으로부터 물리적 및 심리적 간섭을 받지 않는 개인 공간이다.

오스트리아 빈 출신의 심리학자 베델하임Bettelheim은 유대인 강제 수용소에 1년간 수감되었다가 풀려난 뒤 미국으로 이주했는데, 〈극한 상황에서의 개인행동과 대중행동〉이라는 논문에서 수용소 생활의 가장 큰 고통을 배후 공간의 부재라고 말했다. 과밀한 환경에서는 개인의 공간이나 경계를 설정하는 것이 어렵다. 수용소에 갇혀 자유를 상실했다는 사실보다 개인 공간이 침범당함으로써 느끼는 스트레스나 불편이 진정한 형벌일 수 있다는 얘기다.

배후 공간은 프라이버시의 다른 말이다. 집안에 있더라도 내 방이 있어야 진정한 배후 공간의 역할을 한다. 인기척도 없이 아이의 방문을 열고 들어가면 아이는 화를 낸다. 배후 공간을 침탈당했기 때문이다. 물론 야동을 보고 있어서 그럴 수도 있다. 직장인도 배후 공간을 확보하려 애쓴다. 개인 사무실을 갖지 못한다면 책상 간 높은 칸막이라도 두려는 심리가 그것이다. 하다못해 프린터나 서랍을 이용해서 옆 사람과 거리를 두기도 한다.

공간은 프라이버시이기도 하며 권력의 상징이기도 하다. 학교 교무실에서 통상 교감의 자리는 가운데였다. 최근에는 교감의 자리가 구석으로 밀려나 있는 것을 자주 본다. 교감과 교사 간 수평적 지위를 반영한 현상이다. 이에 불만인 교감은 그나마 가급적 넓은 책상을 두어 지위의 상실감을 상쇄하려는 소극적 저항을 하기도 한다. 그리고 얼른 승진하여 넓은 교장실을 가지려는 로망을 불태운다.

회의를 위해 앉은 테이블 좌석에서도 심리적 거리는 작동한다. 앉는 위치에 따라 심리적 상태, 사람들 간의 관계, 그리고 집단 내 역할에 대한 통찰이 가능하다. 일반적으로 테이블 머리는 의사 결정자나 리더의 자리다. 테이블 중앙에는 활발한 상호작용을 원하거나 핵심 멤버의 역할을 수행하려는 사람이 차지한다.

테이블 모서리나 끝은 상호작용을 원치 않거나 단순한 관찰자의 역할에 머물기를 원하는 사람이 앉는다.

중세 아서 왕에 관한 영화를 보면 왕과 영주들은 원탁에 앉는다. <원탁의 기사>라는 제목의 만화영화도 있었다. 원탁에서는 위도 없고 아래도 없다. 권력의 동등한 분산이며 공유다. 물론 아서 왕이 위기에 봉착할 때만 원탁회의를 개최한다는 것이 문제다.

미국 뉴저지주 화장실에서 자주 일어나는 절도 행각에 관한 유명한 일화가 있다. 화장실 문 안쪽 옷걸이에 걸려있는 옷이나 가방에서 지갑을 훔치는 일이 잦아지자 경찰은 옷걸이를 모두 제거하는 처방을 내렸다. 그러자 도둑들이 이에 대한 저항으로 그들이 직접 옷걸이를 다시 달고 절도를 계속했다는 웃긴 이야기다. 인권 차원에서 화장실은 순수한 배후 공간의 영역이어야 한다. 안전한 심리적 자유를 만끽하며 오롯이 배설에 집중할 수 있는 공간이어야 한다.

어쩌면 여자보다 더 섬세한 심리를 가진 남자이기에 배후 공간의 부재는 생각보다 더 많은 고통을 안겨주는지도 모른다. 여자도 그렇지만 남자도 소변을 보면서 온전히 홀로 있고 싶다. 최소한 소변기 사이에 칸막이는 있어야 한다. 남자는 옆에서 같이 배설하는 타인의 시선뿐만 아니라 느닷없이 등장하는 여성 미화원도 극복해야 한다.

배후 공간의 박탈은 인권 침해일 수도 있고 폭력이 될 수도 있다. 남의 가랑이 사이로 오줌을 갈긴 친구는 배후 공간을 제대로 공략했다. 그것도 배후에서.

27
흡연자를 찾아서
인권은 어디에

모 중학교에서 근무할 때의 일이다. 교사용 화장실 바로 위에는 3학년들이 사용하는 화장실이 있었다. 창밖을 내다보며 소변을 보고 있노라면 간혹 하늘에서 흰 가루가 첫눈 오듯 흩날릴 때가 있었다. 누군가 위층 화장실에서 흡연을 하며 창문 밖으로 재를 털고 있는 것이었다.

재빨리 소변을 끊고 달려가면 범인들은 재빨리 꽁초를 변기에 넣고 물을 내려버린 후였다. 거북선 머리마냥 입에서 여전히 남은 연기를 뿜어내면서도 흡연을 하지 않았다고 버틴다. 담배를 피웠다는 증거가 있냐며 외려 대들기까지 한다. 괘씸하면서도 녀석들의 어설픈 논리가 가당찮아 그냥 웃고 만다.

오래전부터 정부와 각 자치단체가 다양한 금연 정책을 편 덕에 이제 실내에서 흡연하는 사람은 많이 줄었다. 한때 안방에서도 버젓이 담배를 피우던 문화는 거의 사라졌다. 애연가의 나라 중국이나 일본과 비교하면 우리나라 사람의 금연 의식은 선진국 수준이다. 그럼에도 불구하고 금연구역 중 여전히 흡연이 자행되고 있는 곳이 있으니, 바로 화장실이다.

우리나라에서 화장실이 금연구역으로 지정된 것은 사실 그리 오래되지 않았다. 보건복지부에서 국민건강증진법시행규칙을 개정해 금연구역을 확대한 것이 불과 2003년이다. 금연구역 확대는 남성 흡연율이 세계 1위 68% 인 당시 실정을 감안해 간접흡연의 폐해로부터 비흡연자의 건강권을 보호하기 위한 조치였다. 이 개정안에서 병원, 어린이집, 학교를 비롯해 화장실이 금연구역으로 지정되었다.

비행기 내 금연은 이보다 조금 앞선다. 대한항공이 국내선에서의 전면 금연을 도입한 것은 1988년이고, 전 노선에서의 금연은 1999년부터 시행했다. 아시아나항공은 이보다 이른 1995년부터 전 노선 금연을 실시했다. 기내 금연 제도는 1971년 미국 유나이티드 항공사가 일부 좌석을 금연석으로 지정하면서 시작되었다. 흡연가와 담배 제조사의 반발이 커 모든 항공편에서 금연을 법제화한 것은 2000년이 되어서였다. 국토교통부 자료에 의하면 우리나라 기내 흡연 사례는 2023년 상반기에만 총 274건이다. 월 30여 건씩 발생하고 있는 셈이다.

화장실에서 흡연하는 이유가 가부장적 억압 구도 때문이라는 주장이 있다. 일반적으로 어른들은 청소년들이 흡연하는 것을 어른에 대한 도전으로 보고 엄격히 금지한다. 이런 사회적 분위기로 인해 청소년들은 어른에 대한 반항심을 갖게 되고, 숨어서 담배를 피우는 것으로 사회적 권위에 도전한다. 이것이 어른이 되어서도 고쳐지지 않고 계속 발현된다는 것이다.

서울에서 올림픽이 열리던 해 나는 고등학교 1학년이었다. 사립 남자 고등학교였다. 이미 2년 전 아시안게임을 치렀던 만큼 이제는 전 세계적인 행사를 치를 만큼 국력이 신장되었다고, 곧 선진국에 진입할 거라고 믿었다. 젠트리피케이션 Gentrification이란 명분으로 서울의 수많은 저소득층과 영세 기업들이 삶의 터전을 잃고 흩어져버린 슬픈 뒷얘기는 알지 못했다.

'서울의 봄'이 착각이었다는 것을 역사 시간에 배웠으면서도 인권과 생명이 존중받는 민주화의 시대가 도래할 것으로 확신했다.

올림픽이 끝나고 가을 무렵, 주말을 보내고 등교한 우리들은 화장실을 보고 경악을 금치 못했다. 모든 화장실 문의 위아래가 댕강 잘려있었다. 아래로는 높이 30센티미터 정도가 뚫려 있었고, 위로는 일어서면 가슴께까지 보일 정도여서 도무지 문의 기능을 한다고 믿기 힘들 정도였다. 게다가 당시에는 좌변기가 아니라 쪼그려 앉아 볼일을 보는 일명 화변기만 있었기에, 문을 닫아도 엉덩이가 보이는 것은 말할 것도 없고 떨어지는 분변까지 생생하게 목도할 수 있었다.

화장실 내 흡연을 막기 위한 고육책이라는 게 학교 측의 설명이었다. 그럼에도 불구하고 화장실에서의 흡연은 줄지 않았다. 오히려 순수한 목적으로 화장실을 이용하려는 학생의 수는 급감했다. 학교 화장실에서는 가급적 소변만을 보았다. 큰 볼일은 참아야만 했다. 도무지 그 문같지 않은 문을 닫고 볼일을 볼 수 없었다. 그러나 학교 역시 상명하복의 군사문화가 건재했던 시절이어서 어느 누구 하나 감히 불만을 제기하지 못했다.

일부 흡연자 때문에 사적인 공간에서까지 프라이버시를 침해당한 우리에게 돌아온 것은 변비였다. 올림픽을 성공적으로 치른 나라에서도 인권은 교과서에만 존재했다.

28
여자라서 행복해요?

남녀 화장실 이용시간 : 대기줄이 갖는 함의

외국인들이 우리나라에 와서 놀라는 것이 여럿 있다고 한다. 고속도로에 휴게소가 많은 것에 놀라고, 화장실이 깨끗한 데 놀라고, 그 깨끗한 화장실이 무료라는 것에 다시 놀란다는 것이다. 지구에 사는 사람 열 명 가운데 세 명은 제대로 된 화장실을 이용하지 못하고 있는 것이 현실이다. 그러니 화장실이 넘쳐나는 우리나라는 분명 천국에 가깝다.

명절이나 꽃놀이 가는 봄, 단풍 구경 가는 가을철 등 차량이 많이 몰리는 시기에 화장실 앞에 길게 줄지어 선 사람들을 볼 수 있다. 유독 여자 화장실이 그렇다. 마치 맛집 앞에서 손님들이 기다리는 것 마냥 늘어선 줄은 좀체 줄어들지 않는다. 비단 휴게실 화장실만 그런 것은 아니다. 서울역 대합실 여자 화장실에는 평일에도 긴 줄을 선다.

남녀별 화장실 이용 시간에 대한 1999년 국립환경연구원의 조사 결과에 의하면, 남자는 평균 1분 24초, 여자는 3분이 걸리는 것으로 나타났다. 약 두 배 이상 차이가 난다. 소변만을 기준으로 할 때는 심지어 세 배 이상 차이가 벌어진다고 한다. 여성의 배변 시간을 고려하면 더 많은 여성용 변기가 필요하다는 걸 알 수 있다.

그럼에도 불구하고 2004년부터 시행된 현행 공중화장실 등에 관한 법률에서는 여성 화장실의 대변기 수가 남성 화장실 대·소변기 수의 합 이상이 되도록 설치하게 명문화되어 있어 현실을 충분히 반영하지 못하고 있다. 특히 문제는 신축하는 건물에서 건설비를 아끼기 위해 남자 화장실의 변기 수를 줄임으로써 여자 화장실의 변기 수도 줄이는 꼼수를 쓴다는 데 있다. 사회적으로 남녀평등을 지향하는 시류를 화장실 문화가 따라가지 못하는 현상의 일면이라 할 수 있다.

1739년 프랑스 파리의 한 연회장에서는 신사용과 숙녀용 두 개의 작은 방을 마련하여 변기 의자를 넣어두었는데, 숙녀용 방 앞의 줄이 신사용 방 앞의 줄보다 두 배 이상 길었다는 일화가 있다. 남성들보다 여성들이 화장실에 오래 머물 수밖에 없는 탓에 빚어진 불평등의 역사가 아직도 계속되고 있다는 것은 놀랍고도 통탄할 일이다.

지난 2000년, TV에 등장한 모 대기업 냉장고 광고 영상이 화제를 낳았던 적이 있다. 당시는 대부분의 광고가 제품 기능을 설명하는 데 충실했던 때였다. 그래서 음악과 이미지, 그리고 스토리를 덧입혀 간접적으로 제품을 어필한 이 광고는 파격 그 자체였다. 천상의 목소리라는 조수미의 노래 'I dreamt I dwelt in marble halls^{나는 대리석 궁전에서 사는 꿈을 꾸었네}'가 흐르는 가운데 검정 드레스를 입은 상류층 여성이 부엌으로 들어선다. 당시 인기 절정의 배우 심은하였다. 그녀는 고급스러운 부엌에서 홀로 퐁듀 요리와 와인을 즐기는 모습을 연출했다. 식탁 위에 여러 개의 초를 세워두고 촛불을 붙이고 귀가하는 남편의 초인종 소리가 들리면 그 유명한 카피 문구를 던지고 미소 짓는다.

"여자라서 너무 행복해요."

20년도 더 지난 지금, 그녀가 공중화장실 앞 긴 줄에 서서 배변을 참고 있다면 뭐라고 할까?

29
커튼은 벽이 아니에요
위생과 노동력이 발화시킨 화장실 프라이버시

충청도 어느 시골에 있는 내과에서 진료를 받은 적이 있다. 교실 반 칸도 채 되지 않는 크기가 전부였음에도 진료를 기다리는 사람이 제법 많았다. 진료실은 따로 없었다. 의사가 청진기를 꺼내 들면 간호사가 얇은 커튼을 쳤다. 그러면 커튼 너머는 진료실이 되고 이쪽은 진료 대기실이 되었다. 의사와 환자가 주고받는 대화는 너무나 잘 들렸다. 프라이버시는 없었다. 의사는 커튼이 두꺼운 벽이라도 되는 줄 알았나 보다. 생년월일과 체중과 마지막으로 생리를 한 날까지 물었다. 진료를 마치고 커튼이

젖혀지면 사람들은 저도 모르게 환자를 응시했다. 그 시선엔 '나는 너의 모든 것을 알고 있다.' 라는 메시지가 담겨 있었다.

한국화장실연구소 조의현 소장은 "세상의 모든 변화가 화장실에서 시작된다"고 말했다. 인간의 배설 행위에 대한 기록이나 유물이 기원전 3000년대부터 기원전 1400년대 사이에 나타나고 있으니 그의 말은 결코 과장이 아니다. 현재까지 세계에서 가장 오래된 화장실은 모헨조다로 Mohenjo-Daro 유적에서 발견된다. 모헨조다로는 기원전 3000~1500년에 걸쳐 번영했던 인더스 문명의 중심 도시로, 오늘날 파키스탄이 있는 곳이다. 물이 흘러가게 시설을 만들고 그 위에서 배설을 했다는 점에서 오늘날의 수세식 화장실과 원리가 같다고 할 수 있다.

좌변기의 역사도 의외로 오래되었다. 현재 이라크 남부 및 쿠웨이트 지역에 해당하는 고대 바빌로니아 유적지에서 수세식 의자 변기가 발굴되었다. 하수관을 통해 건조한 모래땅으로 분뇨를 스며들게 하는 방식을 사용했는데, 시기는 기원전 2200년 경이다. 기원전 1700년 경 미노스 왕이 지은 크노소스 궁에서는 오수를 나르는 수로와 함께 원시적인 수세식 변기가 발굴되었다. 도기로 된 접시형 틀과 나무로 만든 의자가 결합된 형태다. 점토로 만든 파이프를 통해 빗물을 변소로 보내 씻어내는 원리였다.

 삼국유사 기록에 따라 계산해 보면 고조선은 기원전 2333년에 세워졌다. 우리나라에서 곰과 호랑이가 쑥과 마늘을 먹으며 동굴에서 버티고 있을 때 서남아시아와 지중해 지역에서는 이미 화장실, 그것도 수세식 화장실의 문명을 꽃피우고 있었다는 얘기다. 놀라운 일이다.

 항상 다른 사람과 같이 밥을 먹고 목욕을 했던 고대 로마인들은 배설도 다른 사람과 함께 했다. 로마 외곽 오스티아 지역에는 2000년 전에 사용되었던 고대 로마의 변소 잔해가 있다. 많은 사람이 동시에 사용할 수 있도록 일정한 간격을 두고 변기 구멍이 뚫려 있는데, 대리석으로 화려하게 장식되어 있다. 변기 앞에 있는 도랑에는 물이 흐르고 있어서 배설물을 흘려보내게끔 되어 있다. 또 변소 앞에는 밑을 닦는 데 쓰는 스펀지 달린 막대와 막대를 씻을 수 있는 분수도 설치했다. 모두가 같이 볼일을 보고 남의 시선을 의식하지 않은 채 뒤처리까지 했다는 것을 알 수 있다.

 사생활은 공중화장실의 칸막이 문처럼 항상 존재했을 것 같지만, 실은 비교적 최근에 탄생한 근대적 개념이다. 프라이버시라는 개념은 1800년대까지 없었다. 배변 행위가 타인의 시각과 후각을 자극하지 말아야 하는 은밀한 행위가 된 것은 인구가 증가하고 그에 따른 사회적 변화가 나타나면서부터였다. 그러나 화장실이라는 사적인 공간은 엘리트 계층의 특권으로 존재했다. 화장실이 대중에게 보급된 것은 19세기에 들어와서였다. 건강한 노동력을 확보하기 위한 자본가의 필요에 따른 조처였다.

사생활 또는 프라이버시의 역사는 짧다. 그리고 우리의 생각과는 달리 인권과 무관하게 시작되었다. 프라이버시가 너무나 당연시되는 요즘의 관점에서 보면 자못 이해하기 어렵다. 위생과 노동력의 상관관계에 대한 의식이 발화하면서 특권층의 사적 영역에 머물던 화장실은 공중화장실로 확장되었다. 대중은 악취와 질병의 고통에서 벗어날 수 있었다. 대중은 곧 노동자의 다른 이름이었다.

물리적으로 배변의 프라이버시는 어느 정도 구현된 것처럼 보이지만 실상은 그렇지 않다. 아직도 화장실 몰카 범죄가 끊이지 않고 있으니 말이다. 비가시적인 개인 정보의 유출은 더욱 심각하다. 많은 인터넷 사이트와 앱이 우리의 정보를 요구한다. 사이버 세상에서 우리의 흔적은 어디에나 남아 무차별적으로 악용되고 퍼져나간다. 구글, 페이스북과 네이버를 비롯한 각종 스마트 도구 앞에서 우리는 그 옛날 로마인들처럼 부끄러움을 모른 채 배변을 하고 있는지도 모른다. 진정한 프라이버시는 아직도 요원하다.

30
때로 수치심은 사치다
빅토리호의 유산

1980년대 초등학교를 다니던 무렵 우리는 매년 학교에서 신체검사를 받았다. 남학생들은 그리 개의치 않았지만, 여학생들에게 신체검사는 고문과도 같았을 것 같다. 선생님은 남녀를 따로 분리하지 않았다. 가슴둘레나 체중 등 측정치를 말하면 옆에 앉아 있던 반장이 기록지에 적었다. 가슴둘레를 잴 때 남학생들은 상의를 들어 올려 가슴께까지 노출했는데, 여학생들도 그리했는지는 기억나지 않는다.

개인이 느꼈을 수치심 따위는 전혀 배려되지 않았다. 당시의 성 인지 수준이 그러했고, 시대가 또한 그러했다. 신체검사의 후유증은 꽤 오래 갔다. 체중이 많이 나가는 친구들은 한순간에 돼지가 되었고, 가슴둘레가 큰 여학생들은 놀림의 대상이 되었다. 책상에 엎드려 펑펑 우는 학생이 많았다.

한국전쟁에서 가장 감동적인 사건으로 흥남 철수 작전이 꼽힌다. 2014년에 영화 <국제시장>이 개봉되면서 다시 주목받는데, 지상 최대 규모의 구출 작전이라 평가받는다. 인천 상륙 작전으로 북진을 하던 와중에 중공군이 개입하면서 철수를 결정하게 된 군인 10만 명과 피란민 20만 명이 흥남 부두에 모였다. 한국 해군 함선과 수송선 등 한반도 주변 온갖 배들이 군인과 피란민을 실어날랐다. 심지어 군수 물자 일부를 포기하면서까지 사람들을 태웠지만 그럼에도 여전히 배가 모자란 상황이었다.

그때 흥남 부두에 기적처럼 배 한 척이 들어왔다. 폭 19미터, 길이 138미터의 화물선 메러디스 빅토리 Meredith Victory 호였다. 미군의 요청에 선장 레너드 라루 Leonard La Rue 은 일말의 망설임도 없이 가급적 많은 피난민을 태우기로 결정했다. 정원이 단 60명에 불과한 화물선이었다. 그러나 선장은 철판으로 화물칸을 나누어 무려 1만4천 명을 승선시켰다.

승선한 사람들은 영하 25도의 살을 에는 추위, 포화 상태의 과밀, 빛도 물도 없고 환기도 되지 않는 화물칸의 열악한 상황을 견뎌야 했다. 과연 살아남을 수 있을까 하는 불안보다 사람들을 더 힘들게 했던 것은 화장실의 부재였다. 화장실을 대신한 건 몇 개의 드럼통뿐이었다. 그마저도 이내 가득 찼고, 달리 볼일을 볼 수 있는 사적인 공간은 전혀 없었다. 사람들은 그냥 앉은 자리에서 볼일을 봐야 했다. 화물칸 아래층에서는 위층에서 떨어지는 배설물까지 맞아가며 버텼다. 프라이버시는 공허했고, 수치심은 사치였다.

12월 23일 항해를 시작한 이 배는 12월 25일 저녁에 거제항에 무사히 도착했다. 이토록 열악한 상황에서 아무도 죽지 않았고, 외려 5명의 아이가 태어나 이 항해를 크리스마스의 기적이라 부른다. 나중에 빅토리호는 가장 많은 생명을 구한 배로 기네스북에 등재되었다.

빅토리호 승선자 가운데 문재인 전 대통령의 부모님이 있었다는 것은 널리 알려져 있다. 문 대통령은 취임 후 첫 한미 정상회담을 위해 미국을 방문했을 때 한국전 참전용사들을 만나 감사의 마음을 전한 바 있다. "흥남부두에서 메러디스 빅토리호에 올랐던 젊은 부부가 남쪽으로 내려가 새 삶을 찾고, 그 아이가 대한민국의 대통령이 돼 이곳에 왔다."면서 "참으로 가슴 벅찬 감사와 감동의 시간이었다."고 말했다.

지금은 작고한 임길순, 한순덕 부부도 빅토리호 승선자였다. 부부는 잠시 거제도와 진해에 정착했다가 서울로 이주하기 위해 이동하던 중 열차 고장으로 의도치 않게 대전에 머물게 된다. 그들은 성당에서 원조받은 밀가루 두 포대로 대전역 앞에서 찐빵집을 시작했다. 그 유명한 빵집 '성심당'의 전신이다.

31
국가안보를 위해

채변의 추억(?)

초등학교 4학년 때 담임 선생님은 다른 일은 반장에게 시키면서도 유독 채변 봉투 수거는 그날 지각한 학생을 시켰다. 지각한 학생이 여럿이면 선생님은 가위바위보로 당번을 결정케 했는데, 공부는 못했어도 그것만큼은 지기 싫었던 기억이 난다. 당번이 된 학생은 집게로 큰 비닐을 들고 교실을 한 바퀴 돌며 봉투를 수거해야 했다. 채변은 엄지손가락 손톱만큼이면 충분했는데, 꼭 지나치게 많이 담아 온 학생이 있었다. 간혹 봉투가 터져 변이 밖으로 노출되는 경우도 많았다.

채변 봉투는 교실 뒤 구석에 놓아두었는데, 기분 탓인지 정말 그랬는지는 몰라도 그날은 종일 악취가 교실에 진동하는 것 같았다. 채변 봉투를 가져오지 않은 학생은 이튿날에는 반드시 들고 오라는 선생님의 반복된 채근을 귀가 닳도록 들어야 했다. 다음날에도 채변 봉투를 갖고 오지 않은 학생은 학교 변소에 가서 변을 담아 와야만 했다. 변이 나오지 않는 경우 다른 친구의 변을 나누어 담아 제출하는 일도 더러 있었다.

채변은 기생충 박멸을 위해 1969년부터 시행되어 WHO로부터 기생충 퇴치 국가로 공식 인증을 받은 1997년까지 계속되었다. 채변 봉투를 제출하고 한 달여가 지나 결과가 나오면 선생님은 모두가 보는 앞에서 회충이 검출된 학생을 불러 구충제를 나눠주었다. 심지어 몇 마리가 검출됐는지까지 언급했다. 약을 먹은 학생에 대한 놀림은 오래 지속되었다. 회충을 가졌을 뿐인데 회충보다 못한 존재가 되어, 우리가 할 수 있는 거라곤 선생님을 원망하는 것뿐이었다.

2018년 4월 27일, 남북 정상회담을 위해 판문점을 찾은 김정은 위원장은 공중화장실 사용을 거부하고 자신의 '전용 화장실'까지 챙겨온 것으로 알려졌다. 또 평화의집에서 방명록을 작성할 때도 남측이 준비한 펜 대신 김여정이 건네준 펜을 사용했다.

국가 최고지도자의 건강이나 DNA 정보는 각국의 정보기관이 눈독을 들이는 아이템이라 한다. 특히 대변은 각종 생체정보를 저장하고 있는 생체 USB 메모리와 같다. 따라서 다른 나라의 수반이나 수반급 인사의 생체정보는 빼내고 자국의 정보는 유출되지 않으려는 물밑 작전이 치열하게 이루어진다.

《시사주간》의 보도에 의하면, 북한은 김정은 위원장의 담배꽁초는 물론 땀이나 콧물을 닦은 휴지나 수건, 호텔 등에 떨어진 머리카락까지 철저히 수거해 갔다고 한다. 대소변의 경우도 완전 밀봉해 화학처리 등 특수한 과정을 거치거나 여의치 않을 경우 북한으로 회수해 간다는 일화를 전하고 있다. 조지 W. 부시 전 미국 대통령은 2006년 오스트리아를 방문하면서 이동식 화장실을 가져갔던 것으로 알려진다.

과거엔 상대국 최고지도자의 건강 관련 정보를 알아내기 위해 정상회담장이나 숙소의 화장실 변기를 뒤지거나 체액 등이 묻은 휴지를 수거하려는 은밀한 공작이 벌어지는 일이 잦았다. 심지어 숙소 내부의 배관을 통해 배설물을 확보하기도 했다. 1980년대 미국을 국빈 방문한 구 소련 지도자 고르바초프의 배설물은 미국 정보 요원에 의해 분석되어 건강 상태와 복용하는 약 등 온갖 정보를 제공했다.

　　1980년대는 우리나라에 인권이란 개념이 보편화되지 않은 시대였다. 그럼에도 불구하고 선생님이라면 당연히 감수성 예민한 어린 학생들의 신체 정보를 보호해 주어야 했다. 구충제를 먹은 친구들을 바라보는 우리의 눈은 확실히 그전과 달랐다. 그들은 가난하고 비위생적인 불가촉천민으로 보였다. 선천적으로 잔대가리가 발달했던 나는 채변 봉투에 된장을 넣었다.

32
같은 색 소변
차별의 질긴 생명력

나는 초능력이 있다고 믿는다. 그렇지 않다면 그날 내가 산수 시험에서 1등을 하는 일은 있을 수 없었을 것이다. 초등학교 6학년 때 선생님은 느닷없이 산수 시험을 치르게 했다. 나중에 안 사실이지만 반별로 세 명씩 뽑아 방과 후에 영재 수업을 받을 대상을 선별하는 시험이었다. 나는 평소에 산수를 썩 잘하지 못했는데, 이상하게도 그날은 문제가 술술 풀렸다. 정말로 내게 잠재했던 초능력이 발현된 것은 아니었을까.

늘 1등을 하던 친구와 내가 단 한 문제씩만 틀려 공동 1등을 했다는 시험 결과가 나왔을 때 우리 반 친구 모두는 내게 의심의 눈초리를 던졌다. 각자 틀린 문제가 다르다는 것으로 선생님은 나의 무죄를 옹호해 주었다. 성적으로 철저하게 차별이 자행되던 시대였다. 성적만으로 우리는 서로를 차별하고 또 차별받았다. 그리고 그것을 당연하게 여겼다.

차별의 생명력은 질기다. 성적 외에도 여전히 우리 사회에는 다양한 차별이 존재한다. 특히 인종이나 여성에 대한 차별은 뿌리가 깊다. 2023년에 디즈니에서 인어공주 실사 영화를 만들면서 흑인 여성을 주인공으로 내세웠을 때다. 전 세계 많은 사람들이 평점 1점을 주면서 소위 '별점 테러'를 했다. 주연 배우의 외모를 조롱하거나 인종 차별적 댓글이 수도 없이 달렸다.

2016년에 개봉된 영화 〈히든 피겨스 Hidden Figures〉에는 유능하지만 흑인 여성이라는 이유만으로 극심한 차별을 받는 세 명의 주인공이 묘사된다. 1961년 거의 남자들로 가득 차 있던 나사 NASA에서 인종차별, 성차별에 대한 변화를 이루어내는 실화를 바탕으로 하고 있다. 영화를 보노라면 우주선을 쏘아 올리는 최첨단 국가기관에서조차 차별이 당연시되고 있었다는 것에 분노하게 된다.

흑인은 같은 건물에서도 유색 인종 전용 입구와 전용 도서관만을 사용해야 하고, 커피포트 등 일상적으로 사용하는 물건조차 유색 인종 전용의 것을 사용해야 한다. 그중에서도 가장 그들을 힘들게 한 것은 화장실이다. 유색 인종 전용 화장실은 800미터나 떨어진 다른 건물에 있다. 배변을 위해 무거운 자료를 들고 왕복 1.6킬로미터를 달리는 주인공의 모습과 더럽게 방치된 유색 인종 전용 화장실은 무척 애처롭게 그려진다. 소변이 잦거나 설사를 하거나 생리를 하는 날엔 마라톤이라도 해야 할지 모른다.

변화의 시발은 나사의 총책임자로 나오는 해리슨이다. 그는 이런 말을 던짐으로써 차별적 관행에 종지부를 찍는다.

"나사에선 모두가 같은 색 소변을 본다."

나사 직원들은 해리슨의 말에 따를 수밖에 없지만 갑작스런 변화의 바람을 온전히 수긍하지는 못한다. 그들처럼 현대를 살아가는 우리의 의식에도 여전히 차별의 기제는 작동하고 있다. 인종, 성별, 경제력, 성적, 학력, 직업 등에서 우리는 차별받는 것에 억울해하면서도 정작 차별하는 자신에 대한 메타인지는 없다.

우연한 1등으로 차별을 뚫고 수학 영재가 되었지만 나는 결국 그 수업을 수료하지 못했다. 너무 어려워 도저히 따라갈 수 없었다. 모두가 의심했을 때 홀로 나를 믿어주었던 선생님은 지금 생각해도 참으로 감사하다. 사실 부정행위를 하긴 했다. 선생님의 감시를 피해 멀찌감치 앉은 진짜 1등의 답을 훔쳐볼 수 있었던 것은 분명 초능력이다.

33
야반도주의 공로
문명국의 척도, 공중화장실

고등학교 2학년 담임을 할 때였다. 야간자습 시간에 출석을 확인하다 두 놈이 사라진 것을 알았다. 증언에 따르면 저녁 급식도 안 먹고 도망쳤다고 했다. 이튿날 두 놈은 아무 일 없었다는 듯 등교했다. 매를 들고 정의를 구현하려는데, 둘 다 매를 피하며 일단 자신들의 얘기를 들어달라고 사정했다. 그들이 전한 사건의 전말은 이러했다.

학교를 탈출한 둘은 인적 드문 곳을 찾아 담배를 '빨고' 있었다. 그때 저 멀리서 지나가던 여자의 핸드백에서 지갑을 꺼내는 소매치기를 보았다. 둘은 담배를 버리고 소매치기의 뒤를 밟았다. 덩치가 워낙 커서 잡을 생각은 하지 못했다고 했다. 소매치기는 빠른 걸음으로 인근 시외버스터미널 화장실로 들어갔다. 둘은 입구를 감시하며 경찰에 신고했다. 소매치기는 출동한 경찰에게 연행되었고, 현금만 뺀 지갑은 화장실 휴지통에서 발견되었다고 한다. 둘은 침을 튀겨가며 무용담을 늘어놓고는, 비록 야반도주는 했지만 좋은 일 하지 않았냐고 항변했다. 일단 그들의 투철한 신고 정신은 칭찬해줬다. 위험한 상황이 될 수도 있었는데 다치는 일이 없어 다행이라고 위로도 했다. 그리고 응징의 매를 가했다.

사실 공중화장실에서 더러 빈 지갑을 발견하기도 한다. 휴지통에서 마약을 투여하는 데 사용했을 법한 주사기를 보는 일도 있다. 어느 순간부터 화장실은 원초적 생리현상을 해결하는 장소라는 본래의 기능과 무관하게 범죄의 온상이 되어버렸다. 안타깝지만 현실이다.

경찰청 자료에 따르면 2018년부터 2022년까지 5년간 전국의 공중화장실에서 발생한 범죄는 2만 건에 육박한 것으로 집계되었다. 유형별로는 성범죄, 스토킹, 불법 촬영, 마약 투약 등 기타

범죄가 6,182건으로 가장 많았다. 보이스피싱이 포함된 지능범죄, 절도, 폭력, 강력범죄 등이 다음 순으로 나타났다. 이 때문에 일반 시민들, 특히 여성들은 공중화장실 사용에 큰 공포심을 갖고 있다. 여성가족부의 2022년 성폭력 안전 실태 조사에 의하면, 여성들이 성폭력의 두려움을 느끼는 장소 중 3위가 공중화장실 및 택시다.

이에 서울시에서는 공중화장실 내 범죄와 사고 예방을 위해 유니버설디자인 적용 지침을 마련했다. • 화장실 배치는 위급상황 발생 시 신속하게 대응할 수 있도록 사람들의 통행이 많고 잘 보이는 위치에 둔다. • 남녀 화장실은 동선을 분리하고 안전시설을 설치한다. • 남녀 화장실 분리 가벽은 자연 감시가 가능하게끔 반투명 소재를 사용해 개방성과 보안을 충족토록 하고, 안전사고 시 소리가 전달될 수 있도록 상부는 개방한다. • 비상벨은 필요한 순간에 눈에 쉽게 띄도록 표기 요소를 명료화하고 시인성을 개선한다. 또 • 거울은 간결한 디자인의 안심거울을 설치해 후방 감시가 가능하도록 설치한다 등이 그 핵심 내용이다.

모 대학교에서는 앱으로 여성임을 인증받아야 문이 열리는 '여성 안심 화장실'을 설치했다. 화장실을 이용하기 위해서 전용 앱에서 통신사 본인 인증을 거친 후 휴대폰을 문 옆 센서에 접촉해야 한다. 이 화장실은 한국토지주택공사LH가 공공화장실에서의 불법 촬영 등 디지털 성범죄 예방을 목적으로 개발했다. LH는 향후 디지털 성범죄 발생 위험이 높은 다양한 공공장소로 확대 적용할 예정이라고 밝혔다.

지난 몇 년간 우리는 공중화장실에서 일어난 강력범죄를 수없이 목도했다. 2016년에는 서울의 한 빌딩 화장실에서 일면식도 없는 20대 여성을 흉기로 수차례 찔러 살해한 사건이 있었다. 일명 '강남 묻지마 살인사건'이다. 2022년에는 서울 지하철 2호선 신당역 여자 화장실에서 한 남성이 서울교통공사 입사 동기였던 여성 역무원을 흉기로 살해한 사건이 일어났다.

가장 유명한 사건은 일명 '이태원 살인사건'이다. 1997년에 햄버거 가게의 좁은 화장실에서 대학생이 미군에 의해 살해된 사건이다. 한국계 미국인 에드워드 리와 미군 군속 아들인 아더 패터슨이 서로를 범인으로 지목하는 바람에 수차례 법정 공방을 벌였다. 판결은 났지만 진실은 아무도 모른다. 2009년에 '이태원 살인사건'이라는 제명으로 영화화되기도 한 사건이다.

화장실에서의 범죄가 비단 우리나라만의 문제는 아니다. 미국에서는 약물 주입과 성폭행을 비롯한 각종 범죄의 소굴로 변한 화장실을 폐쇄하는 일이 빈번하게 일어난다. 미국을 비롯한 일부 국가에서는 화장실 내 조명을 일부러 매우 어둡게 하기도 한다. 정맥을 찾기 어렵게 만들어 약물 주사를 예방하기 위한 조치다. 노숙자들이 화장실을 점거하는 일도 비일비재하다. 화장실 내 디지털 성범죄는 어느 나라에나 있지만 유독 우리나라에서 빈번하게 일어나고 있다. IT 강국의 부작용이랄까.

'문명국의 척도는 공중화장실의 수준과 비례한다'는 말이 있다. 누구나 안전하고 쾌적하게 화장실을 사용할 수 있는 날이 오기는 할까? 비상벨이나 시설물 강화, 강력한 법 적용만으로 화장실의 안전이 보장되지는 않는다. 개개인의 도덕적 양심의 문제다. 더불어 성차별이나 여성 혐오 등 그릇된 사회적 인식이 불식되어야 한다. 제발 화장실에서는 딴짓하지 말자. 독서실에서는 공부만 하고, 목욕탕에서는 목욕만 하고, 화장실에서는 똥만 싸자.

소매치기를 신고한 두 학생은 그로부터 일주일 뒤 경찰서에서 용감한 시민으로 표창장을 받았다. 자기소개서에 그 내용을 기술해 대학도 잘 갔다는 후일담을 들었다. 가끔은 땡땡이도 치고 볼 일이다.

34
있어야 할 것이 없을 때
문 없는 화장실의 속사정

대학 2학년 때 일이다. 강의실에 들어온 친구 녀석의 헤어 스타일이 바뀌어 있었다. 늘 이마를 드러내고 다니던 녀석이 앞머리를 축 늘어뜨리고 나타났다. 녀석의 갑작스런 변화가 예사롭지 않았다. 실연이라도 당했는지 물었지만 아무 일 없다고 했다. 그러면서 자꾸 시선을 회피하는 것이 수상했다. 그의 얼굴에서 뭔가 진한 허전함이 느껴졌다.

강의 시간 내내 그의 얼굴을 흘끔거리다 나도 모르게 외마디 비명을 질렀다.

"앗, 눈썹!"

그의 오른쪽 눈 위에 있어야 할 눈썹이 없었다. 담배를 피우려 라이터를 켜는 순간 갑자기 치솟은 불길에 눈썹이 반쯤 타버렸다고 했다. 그래서 별수 없이 깔끔하게 밀어버렸다는 것이다. 털 몇 가닥이지만 있어야 할 게 없을 때의 공허함은 컸다. 우리의 시선이 부담스러웠는지 다음 날부터 그는 눈썹을 그리고 나타났다. 다른 쪽 눈썹과 기울기가 다르게 그려진 눈썹은 더 시선을 끌었다.

당연히 있어야 할 자리에 없는 게 또 있다. 바로 중국의 화장실 문이 그렇다. 지금은 많이 개선되었다고 하지만 아직도 농촌을 비롯해 많은 곳에서는 문 없는 화장실이 많다. 문은커녕 칸막이조차 없는 곳도 흔히 볼 수 있다. 넓은 공간에 문이나 칸막이 하나 없이 수십 개의 구덩이만 있는 공용화장실도 있다.

1780년에 청나라를 여행한 박지원은 《열하일기》에 중국의 변소에 대해 그림처럼 아름답다는 찬사를 남겼다. 오늘날의 기준으로 볼 때 정말 청결하고 아름다웠을 리는 없다. 그저 조선의 변소에 비해 선진적이었다고 추정해 볼 수 있다. 그로부터 200년이 지나 우리는 전 세계인이 부러워하는 화장실을 가졌지만, 중국의 시간은 더디게 흘렀다. 2000년 전까지 대부분의 중국의 화장실은 더러웠고 악취를 풍겼다. 그나마 있는 문도 열고 볼일을 봐야 할 정도였다고 한다.

중국 화장실에 문이 없는 이유에는 딱히 정답이 없다. 문화대혁명 이후 사람들을 감시하기 위해 벽을 없애버렸다는 주장이 가장 유력하다. 문화대혁명 시기 홍위병들이 화장실을 부르주아적 사치물이라 주장하며, 집집마다 있는 화장실을 때려부수고 공중화장실을 만들었다고 한다. 인민들이 화장실에 숨어 모의하는 것을 원천적으로 차단함으로써 독재 공산권 국가의 체제를 공고히 유지하기 위한 방편으로 문이나 칸막이를 아예 설치하지 않았다고 한다.

중국이 화장실 개선에 발벗고 나선 계기는 2008 베이징 올림픽이다. 화장실이 턱없이 부족하다는 점과 좌변기 없이 쪼그려 앉아 사용하는 화변기 일색이라는 것이 부각되었다. 급한 대로 대도시 위주로 화장실 개선이 이루어졌다. 농촌 화장실 개선 사업이 시작된 것은 2015년이 되어서였다. 시진핑 국가주석의 지시로 소위 화장실 혁명이 진행되었다. 그나마 제대로 된 상하수도 시설을 갖추지 않은 채 실적을 채우기 위해 부실하게 만들어졌다고 한다.

지금은 중국에서도 최첨단 화장실을 볼 수 있다. 변방 시골을 찾아가지 않는 한 일반적인 관광지구에서 문 없는 화장실을 보기는 어렵다. 그럼에도 불구하고 중국에서 문 없는 화장실에 대한 인식은 여전히 굳건하다. 오랜 관행이다 보니 중국인들은 오히려 불편함을 모른다. 화장실 선진국의 관점으로 볼 때 이상한 일이다. 화장실 문이 없는 건, 있어야 할 게 없는 것이 아니라 있으면 더 좋은 것인지도 모른다.

우리나라에 문 없는 화장실은 없다. 다만 있지만 없는 것처럼 취급되는 화장실이 있다. 장애인 화장실이 그렇다. 전국의 많은 장애인 화장실이 심각한 파손이나 청소도구 보관 등으로 인해 관리되지 않거나 방치되고 있다. 창고로 이용되거나 미화원의 휴게 장소로 사용되기도 한다. 출입문 전원을 차단해 버튼을 눌러도 열리지 않거나 아예 문을 잠그기도 한다. 성별 구분 없는 남녀 공용으로 만들어진 곳도 있다. 2018년 국가인권위원회는 공공시설 내 성별 구분 없이 설치된 장애인 화장실은 차별이라고 판단한 바 있다.

장애인, 노인, 임산부 등의 편의증진 보장에 관한 법률 제9조(시설주등의 의무)에 따르면, 시설주 등은 대상시설을 설치하거나 주요 부분을 변경할 때 장애인 등이 편리하게 이용할 수 있도록 편의시설을 설치기준에 적합하게 설치하고, 유지 관리하도록 되어 있다. 문제는 이 조항이 잘 지켜지지 않는다는 것이다. 장애인 화장실은 별도의 기준이 존재해 장애 유형에 따라 편리하게 이용하도록 되어 있다.

우선 장애인 화장실은 접근이 가능한 통로에 설치해야 한다. 그리고 소변기와 대변기에 수직 손잡이가 필수로 설치되어야 하고, 휠체어에 탄 채 사용할 수 있도록 세면대의 높이도 낮아야 한다. 다양한 유형의 장애인이 이용할 수 있도록 점자블록과 음성유도장치도 필수다. 비상사태에 대비해 비상벨은 바닥에서 20센티미터 높이에 설치되어야 한다. 보건복지부는 2018년에 장애인의 안전을 위해 출입구의 유효폭을 기존 0.8미터에서 0.9미터 이상으로 확대했고, 전동휠체어 사용이 불편하지 않도록 화장실 바닥 면적도 넓혔다. 한 손이 불편한 사람을 배려해 뽑아 쓰는 화장지를 비치한 지자체도 있다.

오래전 동네에 재활용품 마트가 들어서 방문한 적이 있다. 한 번도 사용한 적 없는 재고품과 단순한 하자로 인해 반품된 물건이라는 안내가 붙어 있었다. 그 아래에는 꼼꼼하게 살펴

제품을 구입하고, 환불은 불가하다는 문구가 있었다. 가게를 둘러보다 예쁜 벽시계를 발견했다. 화사한 배경 그림과 고풍스런 숫자 디자인이 눈길을 끌었다. 눈에 띄는 하자는 없었다. 집에 와서 건전지를 끼우고서야 문제점을 발견했다. 작은 바늘이 없었다. 망했다.

라이터 화재로 눈썹을 잃은 친구는 불과 한 달여 뒤 눈썹을 되찾았다. 중국의 문 없고 악취나는 화장실은 그래도 사용할 수 있다. 하지만 방치되어 쓸 수 없는 장애인 화장실은 바늘 없는 벽시계처럼 도무지 답이 없다. 장애인 화장실 개선은 곧 인권의 문제다.

35
제3의 선택지를 찾아서
'모두를 위한 화장실'

초등학교 5학년 가을 무렵이었다. 곧 있을 운동회에서 5학년은 단체로 댄스를 추기로 되어 있었다. 매일 오후 우리는 운동장에 모였다. 여자 선생님 한 분이 조회대 위에서 율동을 가르쳤다. 동작은 그리 어렵지 않았으나 한 가지 마뜩지 않은 게 있었다. 거의 모든 안무가 너무 여성스럽다는 거였다. 팔다리를 비비 꼬며 골반을 좌우로 흔드는 춤은 갓 사춘기에 접어든 나에게 시련이었다. 이건 남자가 할 동작이 아니라는 것이 나의 결론이었다.

편협한 마초 의식에 사로잡혀있었던 건 내 탓이 아니다. 부지불식간에 전근대적 남성다움과 여성다움을 주입한 시대의 잘못이다. 근데 이런 생각을 하는 게 나만은 아니었다. 다른 친구들도 은근히 불만을 표했다. 나는 그들을 규합하여 선생님에게 집단으로 항의했다. 안무를 바꾸던지 우리를 열외시켜 달라는 건의를 했다. 잠시 난감한 표정을 짓던 선생님은 단 한 마디로 우리의 쿠데타를 진압했다.

"이놈들, 다 꿇어앉아!"

그날부로 춤 연습이 끝난 후에 우리는 남아서 벌청소까지 해야 했다. 그런데 정작 난감한 상황은 운동회 직전에 벌어졌다. 춤을 출 때 복장을 검은 스타킹으로 통일한다는 거였다. 바지를 입지 않고 스타킹만 입으라는 말에 우리는 거의 울뻔했다. 그런 망측한 아이디어를 낸 선생님은 누구였을까? 나는 그분이 2010년대 후반에 유행한 레깅스의 선구자라 믿는다.

어린 초등학생도 그럴진대 당시 남녀 성역할에 대한 그릇된 편견의 벽은 견고했다. 시대가 바뀌어도 성별 이분법적 규범이 강력하게 작동하는 공간은 아직도 존재한다. 화장실이 그렇다. 남녀 화장실의 이용 자격은 겉으로 드러나는 성별이다. 예외는 없다. 하지만 결코 바뀔 것 같지 않던 그 규범에 균열이 가기 시작했다. 성별 구분이 없는 '성 중립 화장실gender neutral restroom'이 단초가 되었다.

2010년 미국에서 시작한 성 중립 화장실은 현재 영국, 오스트레일리아, 캐나다, 뉴질랜드, 스웨덴, 일본 등 많은 나라에 도입되었다. 2015년 미국 오바마 행정부 시절에 백악관에도 설치되었다. 성 중립 화장실은 남성과 여성뿐만 아니라 트랜스젠더, 성소수자, 장애인 등이 차별 없이 사용할 수 있는 화장실을 뜻한다. '모두의 화장실'이라고도 불린다. 성별에 따른 고정관념과 사회적 역할이 사라지고 인권 의식이 높아짐에 따라 불평등을 개선하고 모두에게 안전한 화장실을 만들자는 취지에서 시행되었다고 한다.

성 중립 화장실은 완전히 밀폐되고 독립된 공간에 성별, 장애 특성, 동반자 유무 등에 따른 편의시설을 구비해 놓은 형태다. 다시 말해 화장실의 남녀 구분을 없애는 것이 아니라 기존의 성별 분리 화장실에 누구나 이용할 수 있는 성 중립 화장실을 하나 더 설치하는 것이다.

여기에는 유아용 변기, 기저귀 교환대, 자동문, 휠체어에 앉은 채 보기 편한 각도의 거울, 외부 비상 통화 장치, 생리컵 세정을 위한 작은 세면대 등이 갖추어져 있다. 타인과의 접촉으로 곤란한 상황이 생기지 않게 내부에서 문을 닫으면 밖에서는 열 수 없는 1인 화장실이다.

트랜스젠더는 태어날 때 주어진 성과 다른 정체성을 가지고 살아간다. 그들의 인권은 남녀로 구분된 화장실 문 앞에서 멈춘다. 어느 쪽 화장실을 이용하더라도 차별을 경험할 수밖에 없다. 2021년 국가인권위원회 조사에 따르면, 트랜스젠더 40퍼센트가 공중화장실 이용 시 부당한 대우나 불쾌한 시선이 두려워 성적 정체성이 다른 화장실을 이용하고 있다고 답했다. 특히 39.2퍼센트는 외출 시 화장실 이용을 최소화하기 위해 음식물을 먹지 않는다고 응답했다. 화장실로 인해 어려움을 겪는 것은 비단 트랜스젠더만이 아니다. 다른 성별의 활동보조인을 동반한 장애인이나 성별이 다른 가족을 돌보는 사람 역시 곤란함을 겪는다.

2022년에 국내 대학 최초로 성공회대학교에 모두를 위한 화장실이 설치되었다. 강한 반대 여론을 극복하고 설치하기까지 5년의 논의 기간을 거쳤다. 카이스트가 그 뒤를 이었다. 설치 뒤에도 여러 가지 우려로 인해 존치가 위기를 겪기도 했다. 성폭력, 불법 촬영 범죄 등 성범죄 발생 가능성이 끊임없이 제기되고 있다. 일부 여성은 남성이나 성소수자와 함께 화장실을 이용하는 것을 불쾌해한다.

고등학교 때 독일어를 배우면서 가장 어려운 것이 명사의 성을 암기하는 것이었다. 독일어는 명사를 남성, 여성, 중성으로 나누고 그에 맞는 관사를 사용한다. 상식적으로 남성인지 여성인지 판단이 가능한 것도 많지만, 가령 책상이나 가방처럼 판단하기 애매한 것도 많다. 그런 점에서 성을 엄격하게 구분하는 독일어는 불편하다.

돌이켜보면 우리는 항상 이분법의 그늘에 갇혀 있었다. 한문 선생님은 인자仁者는 산을 좋아하고 지자智者는 강을 좋아한다고 가르치며 우리에게 무엇을 좋아하냐고 물었다. 그냥 자연을 좋아한다고 하면 반항한다고 매를 맞았다. 부모님은 엄마가 좋은지 아빠가 좋은지를 물었다. 철없이 어느 한쪽을 콕 집어 말하면 꼭 후환이 따랐다.

중국집에서는 짜장면과 짬뽕을 선택해야 했고, 냉면 가게에서는 물과 비빔, 치킨을 시킬 때는 후라이드와 양념을 두고 갈등했다. 훗날 짬짜면과 반반 냉면, 후라이드 반 양념 반이 상품화되었을 때 비로소 제3의 선택지가 가능하다는 것을 깨달았다.

성 중립 화장실은 이런 이분법에 대한 경종을 울린다. 제3의 성, 제4의 성 혹은 그 이상도 분명 존재하는 성적 정체성에 대한 이해이며 포용이다. 그리고 비장애인 중심의 편향된 기간 시설의 인류애적 확장이다. 성 중립 화장실은 곧 인권 확대의 과정이다.

36
화장실 좀 다녀와도 될까요?
인분 아파트 건설노동자의 호소

교육 현장에서 공공연히 체벌이 성행했던 때가 있었다. 나 또한 예외가 아니었다. 학생 지도라는 명목으로 말로 상처를 주고, 매로 때린 일이 많았다. 지금 돌이켜보면 참 부끄러운 개인사였다는걸 고백하지 않을 수 없다.

모 남자 중학교에서 학년부장을 맡고 있을 때의 일이다. 그때 나는 호스를 매로 사용했다. 본디 과학 시간에 옷에 문질러 정전기를 발생시키는 실험에 사용하는 것이었다. 길이는 대략 30센티미터 정도였는데, 가벼워서 휘두르기 좋았다. 때리면 살에 착

감기는 '손맛'이 있었다. 맞은 학생들은 아픔과 따가움을 동시에 느끼며 과장된 비명을 지르곤 했다.

당시 난 전체적으로 머리카락이 짧은 스타일을 고수했다. 스프레이로 앞머리와 윗머리를 빳빳하게 세우고 다닌 까닭에, 학생들은 내게 '가시'라는 별명을 붙였다. 내가 호스를 휘두르며 복도에 나타나기라도 하면 학생들은 가수 '버즈'의 노래 '가시'를 합창하곤 했다. 누군가 '가시처럼 깊게 박힌 기억은 아파도 아픈 줄 모르고'라고 선창을 하면, 후렴구 '제발 가라고 아주 가라고'를 큰 소리로 떼창했다.

한 날은 교무실로 다급한 신고가 들어왔다. 누군가가 교실과 복도에 똥을 쌌다는 것이었다. 호스를 들고 교실로 뛰어갔다. 동전 크기만한 똥 덩어리가 대략 1미터 간격으로 떨어져 있었다. 똥은 교실에서 시작해 화장실로 이어져 있었다. 화장실엔 평소 말 없는 학생 한 명이 어찌할 바를 모른 채 서 있었다. 옷에선 심한 냄새가 났고, 바지에서 떨어진 똥이 다리를 타고 흐르고 있었다.

화장실 문을 닫고 수습에 나섰다. 학생에게 바지와 사각팬티를 벗게 했다. 간단하게나마 씻기려는데 화장실엔 세면대만 갖추어져 있을 뿐, 몸을 씻을 수 있는 시설이 없었다. 들고 있던 호스를 수도꼭지에 대고 녀석의 아랫도리를 향해 물을 뿌렸다. 매를 이런 용도로 사용하게 될 줄은 몰랐다. 몸을 씻기고 체육복으로 갈아입혔다. 그리고 복도에 즐비한 똥을 쓸어 담고 걸레로 닦아 뒷수습을 마무리했다.

사건의 전말은 이러했다. 수업 중 학생이 화장실에 가고 싶다고 말했는데, 선생님이 참으라고 한 것이 화근이었다. 시험에 나오는 중요한 것을 설명하는 참이었다. 수줍음 많고 소심했던 그 학생은 차마 재차 손을 들지 못했다. 고통에 몸부림치다 종이 치고 나서야 엉거주춤 화장실로 향했던 것이었다. 수많은 흔적을 남기면서.

이제는 학교 현장에서 이런 일이 없으리라 생각한다. 시대가 많이 변했다. 교권과 더불어 학생 인권에 대한 인식도 강화되었다. 수업 시간은 물론 시험을 치다가도 쉽게 화장실을 다녀온다. 보수적 성향을 띄는 학교지만 인권에 관해서는 전향적이다. 인권 교육을 강화하고, 교칙에서 반인권적인 조항을 삭제하는 데 주저하지 않는다.

문제는 고루한 사회다. 아직도 마음대로 화장실을 이용할 수 없는 처지에 놓인 직업군이 많다. 직업의 특성 때문이기도 하고, 아직도 건재한 '갑'과 '을'의 수직적 문화 때문이기도 하다. 21

세기의 부끄러운 현주소다.

2021년에 한국노동안전보건연구소에서 발간한 화장실 이용 실태에 관한 연구에 따르면, 근무 중 원할 때 화장실을 사용하는 것이 대체로 불가능하거나 전혀 가능하지 않다고 응답한 비율은 13.53퍼센트로 나타났다. 원할 때 화장실을 사용하지 못하는 이유 1순위는 '화장실에 갈 시간이 없다', 2순위는 '자리를 비워야 하는 경우 대체 인력이 없다', 3순위는 '사용 가능한 화장실이 너무 멀리 있거나 인근에 없다'로 조사되었다. 이동이 잦거나 방문을 하는 직종의 경우 원할 때 화장실을 사용하는 것이 대체로 불가능하거나 전혀 가능하지 않다는 응답은 57.76퍼센트였다.

화장실에 가는 행위가 헌법상 일반적 행동자유권의 보호대상이 된다는 것까지 굳이 언급하지 않더라도 최소한 인간으로서의 존엄과 가치 및 인격권의 문제와 관련 있는 것은 분명하다. 화장실을 가고 싶을 때 가지 못하는 근로환경은 심각한 인권 침해다. 2022년에 발간된 『화장실과 인권』에는 인권 침해를 당하는 직업군을 일부 소개하고 있다. 지하철 기관사와 버스 기사, 대형 마트 계산원, 대형 공장의 생산직 노동자, 건설노동자, 감정노동자, 이주노동자, 경비노동자 등이다. 이들에게 인권은 화장실 문 앞에서 노크도 하지 못하고 멈추어 있다.

제때 화장실을 갈 수 없는 건설노동자의 현실은 지난 2022년에 '인분 아파트'라는 제명으로 전파를 탔다. 신축 아파트의 드레스룸 천장에서 인분이 담긴 비닐봉지 3개가 발견된 사건이다. 인터뷰에 응한 모 건설노동자는, 고층에서 일하다 화장실을 가기 위해 1층까지 가기엔 시간이 많이 걸리고 관리자 눈치가 보여 작업 구간 주변에서 해결할 수밖에 없다고 말했다.

2020년에 출간된 『콜센터 상담원, 주운 씨』에는 감정노동자가 감정 상하면서까지 화장실에 다녀오는 현실을 적나라하게 묘사하고 있다. <화장실 좀 다녀와도 될까요?>라는 꼭지의 일부를 소개한다.

휴식은 말 그대로 고객 응대에 지친 상담원들이 자유롭게 사용할 수 있는 시간이어야 하지만, 콜센터의 실상은 그렇지 못하다. 관리자에게 휴식 시간을 사용하고 싶다고 요청하고, 승인을 받아야 쉴 수 있다. 승인을 받아도 바로 쉴 수 없고, 관리자가 정해준 휴식 순번에 따라 쉴 수 있다.

비흡연자인 나는 대부분의 휴식을 화장실 갈 때 쓰는데, 다 큰 성인이 자신의 방광 사정, 대장 사정을 남에게 알리는 건 치욕스러운 일이다. 겨우 얻어낸 휴식도 화장실이 꽉 차 있거나 속사정이 안 좋아서 10분이 넘어가면 어김없이 팀장의 호출이 기다리고 있다. (중략) 같은 처지인 동료들에게도 미안해서 급하게 일을 처리하고 올 때도 많다. 회사의 생산성, 효율성을 위한 일이겠거니 이해해보려 했지만, 생리 현상마저 통제받는 상황에서는 모멸감이 느껴진다. 퇴사를 결심한 주된 이유였다.

우리나라를 비롯한 선진국에서는 가지 못할지언정 그나마 화장실은 있다. 수많은 개발도상국에는 화장실 자체가 없다. 49개 최빈국이 모여 있는 사하라 이남 아프리카에서는 30퍼센트의 어린이가 초등학교에 입학조차 하지 못하고 있다. 입학하더라도 경제적 사정을 비롯한 여러 가지 이유로 학업을 중도에 포기해야 한다.

특히 여학생이 중도 탈락하는 주된 이유는 학교에 화장실이 없기 때문이다. 일상적인 배변도 곤란하지만, 생리라도 하게 되면 처리할 마땅한 곳이 없어 등교 자체가 어려워진다. 화장실이 없어서 학교에 가지 못한다. 교육을 받지 못하니 좋은 직업을 가질 수 없고, 직업이 없으니 가난할 수밖에 없는 악순환에서 이들이 빠져나올 기회는 없다.

화장실 부재가 보편적 교육을 가로막는 일도 없어야 하겠지만,

직장에서 마음 편하게 화장실 가는 것을 가로막는 일도 없어야 한다. 어느 쪽이 더 불행한가? 둘 다 불행하다고 생각하겠지만, 있는 화장실을 마음대로 이용하지 못하는 쪽이 더 불행하다. 이미 존재하는 것은 존재 자체를 모르거나 존재하지 않는 것보다 우리에게 훨씬 더 많은 의미를 갖는다. 그래서 바로 저 너머에 있는 화장실을 사용하지 못하게 되면 그만큼 큰 상실감을 느끼게 된다.

교실과 복도에 똥을 쌌던 학생은 나의 긴급 처치를 받고 무사히 집으로 돌아갔다. 사실 내가 한 일은 아무것도 없었다. 그저 호스로 물만 뿌렸을 뿐이었다. 다음날 그 학생은 어머니가 쓴 편지를 내게 들고 왔다. 편지에는 감사하다는 구구절절한 내용과 참스승을 만났다는 과분한 인사가 가득했다. 차분히 사태를 수습하고 청소까지 마무리하는 모습을 본 학생들도 더 이상 버즈의 노래를 부르지 않았다. 그러고 보면 좋은 선생님 되기 참 쉽다. 매를 잘 고르고 똥 잘 치우면 된다.

인분은 자연의 순환 리듬을 따르지 않는다.
우리 몸에서 나온 것을 자연으로 돌려보내고,
여러 단계를 거쳐 다시 우리에게 돌아오는
선순환을 해야 하는데, 생산-소비-폐기라는
일직선의 흐름을 탄다.
수세식 변기와 하수처리장이 그 주범이다.

5장

변신하는 화장실

37
신토불이 身TO不二
차세대 변기, 스마트 화장실을 향해

도쿄에 가게 된 건 아내가 느닷없이 던진 질문에 내가 대답을 잘못했기 때문이었다. 나를 비롯해 모든 남자는 죄다 질문에 약하다. 여자가 질문하면 무조건 당황하기 시작한다. 어떤 답을 할지 잔대가리를 굴리다 돌이킬 수 없는 실수를 한다. 그러면 짧게는 하루, 길게는 몇 달이 피곤해진다. 그리고 살아가면서 그날의 실수는 종종 소환된다.

그래서 대답을 잘해야 한다. 솔직히 말하는 것만이 능사는 아니다. 질문의 본의를 잘 파악해야 하는데 그게 잘 안된다. 가령 여자가 왜 자기를 사랑하느냐고 물으면 대부분의 남자는 무슨 일 있냐고 반문한다. 전형적인 오답이다.

어느 일요일 오후 소파에서 뒹굴고 있는 내게 대뜸 아내가 물었다.

"우리 제주도에 갈까요?"

제주도는 이미 두 번 갔다 온 터였기에 나는 아무 생각 없이 대답했다.

"제주도 뭐 별거 없던데 또 가요?"

아내의 표정이 심상치 않게 변하는 것을 보고서야 나의 대답에 흡족해하지 않는 것을 눈치챘다. 오래 같이 살면서도 모범 답안을 내재화하지 못하고 과거의 실수를 반복하고 말았다. 첫째, 아내의 질문에서 방점은 굳이 제주도에 찍혀 있지 않다. 그저 어디론가 가서 함께 시간을 보내고 싶다는 거다. 둘째, 아내의 질문은 질문이 아니라는 것이다. 답은 이미 정해져 있으니 무조건 동의하라는, 질문을 빙자한 강요다.

　　　　　우여곡절 끝에 제주도 대신 일본에 가는 것으로 간신히 위기를 모면했다. 여행 계획을 짜며 맛집을 검색하다 보니 일본엔 유독 노포老鋪가 많다. 역사와 전통을 중시하는 일본 특유의 문화 때문이라고 한다. 조금 엄밀하면서도 부정적으로 말하자면 각자의 자리에서 분수에 맞게 자기에게 주어진 일을 해야 한다는 것이다.

　이는 일본의 오랜 신분 계급에서 비롯되었다고 보는 것이 정설이다. 최상위에는 천왕이 있다. 그 아래로는 귀족이 있고, 귀족 주변에는 그들의 지위를 지켜주는 사무라이가 있다. 그리고 농업과 공업과 상업에 종사하는 계급이 있고, 맨 아래에는 천민이 있다. 이 계급 시스템에는 어떤 예외도 있을 수 없다. 각자는 자신의 지위에 걸맞은 역할을 수행해야 한다. 자신의 신분과 역할에서 벗어나려는 의지를 보이는 순간 잘 벼린 칼을 들고 사무라이가 찾아온다. 공고한 질서유지가 사무라이의 역할이다. 그러니 우동을 만드는 사람의 자식은 대를 이어 우동을 만들어야 하고, 농부의 자식은 계속 농사를 지어야 한다.

　이런 정신문화가 오랫동안 대를 물려 장사를 하는 전통을 형성했다고 한다. 많은 일본인들은 도시에서 높은 학력을 쌓고도 부모 곁으로 낙향하는 것을 마다하지 않는다. 가업을 이어오며 온갖 비법과 노하우가 쌓이고 전수되어 명인 혹은 장인을 낳고, 이는 곧 대단한 자부심이 된다. 일본이 고도의 기술집약적 변기를 만들어 세계의 화장실 문화를 선도하는 역량도 이런 정신문화에서 비롯된 것이라 볼 수 있다.

일본 기업 토토TOTO는 주로 욕실과 화장실에 설치되는 욕조, 변기 등 화장실 위생도기와 각종 주택설비기기를 제조하는 메이커다. 1917년에 창업해 현재 100년이 넘는 역사를 가지고 있으며, 연 매출 5조 원 이상의 실적을 거두고 있다. 1980년에 세계 최초로 비데 기능을 갖춘 양변기 워시렛Washlet을 출시해 화장실 문화를 바꾼 것도 토토다.

토토는 비데의 품질을 개선하기 위해 각고의 노력을 기울인 것으로 알려져 있다. 직원 300명 이상을 대상으로 평균적인 항문 위치를 조사해 비데 노즐의 적당한 위치와 각도를 찾아냈고, 쾌적한 물 온도를 알아내기 위해 0.1도씩 달리해가며 분석했다. 또한 미소 된장으로 배설물과 비슷한 부력과 밀도를 가진 매질을 만들어 변기 수압을 시험했다.

2002년에는 '토네이도 세정' 기술을 개발해 물 사용량을 획기적으로 줄였다. 일반적인 양변기는 가장자리에서 물을 아래로 흘려보내 씻는 방식을 사용하는 반면, 토네이도 세정은 물이 소용돌이치면서 안에서 돌게 만들어 적은 물로 오염물질을 효율적으로 제거하도록 했다. 변기 사용 빈도를 기억해 사용하지 않는 시간대엔 절전모드로 전환하는 기술과 사람의 움직임을 파악해 변기를 사용할 때만 커버를 따뜻하게 하는 기술 등을 개발해 전력 사용량도 크게 줄였다.

2021년에 토토는 세계 최대 가전전시회에서 차세대 변기를 선보였다. 변기에 사물인터넷 기술을 접목해 혈류, 심박수 등 신체 데이터를 수집하고, 대소변 냄새 데이터를 인공지능으로 분석해 사용자에게 맞는 식사, 운동 등도 추천해 준다고 한다.

토토뿐 아니라 세계 여러 나라에서도 스마트 화장실을 개발하기 위해 기술 경쟁을 벌이고 있다. 소변과 대변을 인공지능으로 측정하여 요로감염부터 전립선비대증, 염증성 장 질환 등 여러 질환을 관리할 수 있는 기술이 개발되었고, 음성 명령으로 히터를 켜거나 물을 내릴 수 있는 기술, 사람을 감지하면 변기 커버를 자동으로 열어주는 기술 등도 개발되었다. 온도, 온풍, 제습 등 다양한 기능을 자동으로 작동시킴으로써 쾌적한 화장실 환경을 구축하는 시스템도 이미 선보였다.

이제 화장실은 단순히 배설하는 공간을 넘어섰다. 청결과 건강, 안전을 넘어 환경보호를 기치로 상상 그 이상의 화장실이 현실화되고 있다. 옛말에 신토불이身土不二라 했다. 이제는 신토불이身To不二다. 우리나라 화장실 기업들의 선전을 응원한다.

화장실뿐만 아니라 남편도 스마트해져야 한다. 아내가 화장실 청소 언제 했냐고 물으면 언제 청소했는지 기억을 더듬으면 안 된다. 질문이 아니다. 더러운 화장실 때문에 심기가 불편하니 당장 청소하라는 뜻이다. 저렴한 보급형 스마트 변기가 나올 때까지 참아야 한다.

38
그때 그 시절
듣기평가와 화장지 장수

매년 단 하루 25분간 우리나라 전역은 침묵에 휩싸인다. 바로 대학수학능력시험이 치러지는 날이다. 이날 영어영역 듣기평가 시간인 오후 1시 10분부터는 절대 정적의 시간이다. 수험생들에게 방해되지 않도록 지하철은 국철 구간에서 서행하고, 항공기나 헬리콥터의 이착륙 시간도 조정된다. 시험장 주변 반경 1킬로미터 내 건축공사장에서는 소음 발생 유발 장비의 사용이 제한된다. 군사훈련도 멈춰 사격이나 전차의 이동 등도 통제된다. 만약 이 시간에 북한의 도발이 이루어진다면 우리는 바로 응전할 것인가 자못 궁금하다.

대학수학능력시험이 있기 전 시험장은 9월부터 시험 직전까지 최소 네 번 점검이 이루어진다. 냉난방 시설은 물론 커튼 사이로 들어오는 빛까지 점검의 대상이 된다. 남자 고등학교나 여자 고등학교에서 남녀가 같이 시험을 치게 되면 가장 큰 문제는 화장실이다. 아무래도 여학생의 경우 변기 부족으로 인한 불편을 겪게 된다.

이외에도 고려의 대상은 많지만 단연 방점은 방송에 찍힌다. 시험장 주변 개나 닭 등 동물 사육장조차 임시 장소로 옮기도록 종용하는데, 시험장 학교 선생님들은 사육장 주인이 쏟아내는 날 것 그대로의 욕을 감수해야만 한다. 하지만 시험 후 듣기평가에 방해받았다고 제기되는 악성 민원과 법적 대응에 비하면 욕 따위는 아무것도 아니다.

그럼에도 불구하고 듣기평가 시간이면 각종 웃지 못할 해프닝이 벌어지는데, 그러면 시험장 담당자들은 생사를 넘나드는 시간을 보내야 한다. 놀이터에서 아이들이 지르는 소리, 애완견이 짖어대는 소리, 심지어 난데없이 벌어진 부부싸움을 말리느라 경찰이 출동하는 일도 있다.

지금은 보기 힘들지만, 오래전에는 육성으로 외치며 물건을 파는 사람들이 있었다. 늦은 밤에는 찹쌀떡과 메밀묵을 파는 사람들이 있었고, 새벽에는 재첩국과 두부 장수가 있었다. 마치 악보라도 있었던 것일까, 사람은 달라도 물건 사라고 외치는 대사나 감칠맛 나는 억양은 한결같았다. 낮에는 화장지 장수가 있었는데, 육성으로 외치는 대신 메가폰을 사용하거나 미리 녹음한 소리를 크게 틀어 놓기도 했다.

지금도 전설처럼 남아있는 이야기가 있다. 정적이 흐르는 영어 듣기평가 시간, 갑자기 화장지 장수의 녹음기 소리가 울려 퍼지기 시작했다. 다급해진 시험장 감독관이 창밖으로 몸을 내밀고 차마 소리는 지르지 못한 채 온갖 손짓으로 조용히 하라는 신호를 보냈다. 상황을 파악하지 못한 화장지 장수는 잠시 녹음기를 끄고 메가폰을 꺼내 외쳤다.

"뭐라고요? 안 들려요. 크게 말하소."

시험이 끝난 후 어떤 민원이 제기되었을지는 상상이 안 간다. 화장지를 휴지라고 부르기도 하는데, 진짜 더러운 휴지보다도 화장지가 넘쳐나는 요즘이다. 길에서 화장지를 팔지도, 사지도 않는다. 이제 화장지 장수로 인한 그런 해프닝은 역사가 되었다.

39
신문지는 이제 안녕
화장지의 대중화

화장지가 보편화된 이후에도 우리 집을 비롯해 대부분의 가정에서는 여전히 볼일을 본 후 신문지를 사용했다. 변소에는 늘 검정색 고무줄에 매달린 집게에 잘게 자른 신문지가 물려 있었다. 고등학교 교실에는 한 장씩 뜯어내는 일력이 걸려있었는데, 화장실을 가는 학생들이 자주 찢어가는 바람에 여름을 지날 무렵 일력은 일찌감치 12월을 가리키고 있었다. 일력이 없을 때면 영어사전을 찢어 사용하기도 했다. 기름기가 있어 나름 잘 닦였다.

제대 후 모 대학교 도서관에서 대학 편입시험을 준비하던 때였다. 국립대학답게 화장실은 쾌적했다. 좌변기 없이 화변기만 있었지만, 비치된 폭넓은 두루마리 화장지가 화장실의 품격을 높여주고 있었다. 화장지는 잠금장치가 있는 플라스틱 통에 끼워져 있었는데, 누군가 발로 찼는지 플라스틱 통이 심하게 부서져 있었다.

 볼일을 마치고 화장실에서 나올 때 두루마리 화장지는 내 가방 속에 들어있었다. 집에서 유일하게 여성인 어머니에게 신세계를 선보이고 싶은 효심의 발로였다고 말하고 싶다. 의외로 어머니는 화장지의 출처에 대해 자세히 묻지 않았다. 우리집 변소는 이웃집과 함께 썼기에 어머니는 변소에 갈 때마다 내가 가져온 화장지를 조금씩 뜯어 홀로 사용했다.

 오늘날에도 화장실에서 종이를 사용하는 인구는 전 세계 인구의 3분의 1에도 미치지 못한다고 한다. 105년에 중국의 채륜이 처음 종이를 발명한 덕분에 종이로 뒤처리를 한 건 중국인이 먼저였다. 당시 중국이 아시아의 문명국이었던 만큼 중국인들은 글자가 쓰여 있는 종이로는 뒤를 닦지 않았다고 한다. 이후 종이는 아라비아와 에스파냐를 거쳐 유럽으로 전해졌고, 미국에 전해진 것은 한참 뒤인 1698년이었다.

화장지를 사용한다고 해서 문명국인 것으로 생각해서는 안 된다. 많은 나라들은 기후나 종교, 문화적 배경 등 다양한 이유로 화장지 외의 것으로 뒤처리를 하기 때문이다. 실크로드를 통해 중국과 교역한 아랍 상인은 '중국인들은 용변 후에 물로 씻지 않고 종이로 닦는다.'는 기록을 남겼다.

사실 종이는 뒤처리를 하는 데 매우 비효율적인 수단이다. 1964년에 영국의 J. A. 카메론 박사는 남성 940명의 팬티를 조사해 이것을 증명했다. 그는 거의 모든 팬티에서 온갖 분뇨의 흔적을 발견했다. 놀라운 결과다. 사실 그런 '더러운' 연구를 했다는 것이 더 놀랍다.

동남아시아와 인도의 빈민촌에서는 손가락과 물을 사용한다. 물론 부정한 손이라 여기는 왼손을 사용한다. 하지만 대도시의 호텔이나 상류층에서는 두루마리 종이를 사용하고 있다. 건조한 사막 지역에서는 손가락과 모래를 사용한다. 손에 모래를 묻혀 뒤를 닦는데, 몸에 묻은 모래는 건조한 기후 탓에 금새 깨끗하게 떨어져 나간다. 인분은 모래로 덮어버린다. 그러면 작열하는 태양열로 수분은 재빨리 증발하고, 고체는 분말이 되어 바람과 함께 사라진다.

그 외에도 식물의 잎이나 줄기, 옥수수 수염, 나무껍질, 밧줄, 자갈, 나무 조각, 대나무 주걱, 해조류, 낡은 헝겊 등으로 밑을 닦는다. 우리나라에도 밧줄이나 나무 주걱, 둥근 방망이를 사용했다는 기록이 있는데, 과연 그것으로 뒤를 깨끗하게 닦을 수 있는지 상상이 가지 않는다. 게다가 밧줄이나 나무 주걱, 방망이를 일회용으로 사용하지는 않았을 테니 오늘날의 시각으로 보면 당시의 배변은 엄청난 고역이 아니었을까.

중세 유럽에서는 볼일을 본 후 뒤를 닦지 않는 게 당연한 것이었다고 하는데, 심지어 오늘날에도 뒤처리를 하지 않는 민족이 있다. 몽골 유목민과 극지방의 이누이트는 주로 육식을 하기 때문에 토끼똥처럼 단단하고 동글동글한 똥을 눈다. 그래서 배설을 한 후에도 항문 주위에 남는 것이 없고 깨끗하다고 한다. 그야말로 친환경적인 민족이 아닐 수 없다.

미국에서는 화장지가 보편화되기 전 시어스 로벅Sears Roebuck 사에서 제품을 홍보하기 위해 발간한 카탈로그를 찢어 사용했다. 오래전 우리나라 각 가정과 공중전화 부스에 걸려있던 전화번호부의 재질과 유사하여 화장실에서 사용하기 편했다. 카탈로그뿐만 아니라 수없이 날아오는 광고지, 신문, 잡지 등을 모아 화장실에 쌓아두고 그것을 이용해 뒤처리를 했다. 또한 그것들은 화장실에서 좋은 읽을거리이기도 했다.

이후 생활 수준이 높아지면서 화장지가 보급되기 시작했지만, 오랫동안 종이를 무료로 사용하던 미국인들에게 돈을 주고 화장지를 산다는 것은 쉽게 용납되지 않았다. 도시화가 이루어지고 자동차가 보급되면서 우편 판매의 수요는 줄었고, 수세식 변기를 소화할 수 있는 배관시설이 갖추어지면서 비로소 카탈로그와 각종 광고지 등은 화장지로 대체되었다.

19세기 후반에 스코트 형제가 지금과 같은 두루마리 형태의 화장지를 만들었다. 초기의 화장지는 재질이 질겼을 뿐만 아니라 점선이 없어 칼로 끊어 사용하기도 했다. 1920년대에는 좀 더 부드러운 두 겹의 두루마리 화장지가 등장했고, 1927년에는 세 겹으로 이루어진 화장지가 나타났다. 이처럼 오늘날 널리 사용되는 다양한 색상과 디자인, 고급 재질을 갖춘 화장지의 역사는 두루마리 화장지 길이보다 길다.

일본의 한 조사에 의하면 남자의 경우 하루에 3.5미터, 여자의 경우 12.5미터의 화장지를 사용한다고 한다. 어림잡아 계산해도 일본에서만 1일 동안 소비되는 화장지가 지구의 적도를 열 번 정도 감을 수 있는 양이 된다. 환경 보존과 사용량의 낭비를 막기 위해 우리나라에서는 화장지 한 칸의 간격을 대략 113~123밀리미터로 규정하고 있다.

2010년에는 환경부에서 주관한 넛지 공모전에서 두루마리 화장지를 걸어두는 방식이 제안되어 우수 아이디어로 선정되었다. 벽에 두루마리 화장지를 걸어둘 때 화장지 뜯기는 부분을 위로 하자는 것이다. 뜯기는 부분이 아래쪽, 즉 벽 쪽으로 되어 있으면 무의식적으로 더 많이 당겨 뜯게 되므로, 위로 되어 있는 경우보다 1회 사용량이 두 칸가량 증가한다고 한다. 지금 당장 화장실로 달려가 확인해 보기 바란다.

어머니는 내가 가져온, 아니 훔쳐 온 화장지로 신세계를 경험한 것 같다. 여느 날처럼 공부하러 집을 나서는데, 가난하지만 평생 정직하게 살아온 존경하는 어머니는 이렇게 말했다.

"아들아, 화장지 있으면 더 가져와. 꼭!"

40
인류세 人類世 의 흔적

명태 아니고 생태

고대 그리스인들은 힘든 도전의 과정에서 겪는 시련이 영웅을 낳는다고 생각했다. 그리스 신화의 영웅들 중에서 힘, 용기, 업적 면에서 최고로 꼽히는 건 단연 헤라클레스다. 친족 살인죄를 씻기 위해 그가 수행했던 열두 가지 과업 중 다섯 번째가 아우게이아스의 가축우리를 청소하는 것이었다.

아우게이아스는 3,000마리의 소를 키우는 외양간을 가지고 있었는데, 30년간 청소를 하지 않았다. 수만 평의 외양간에는 배설물이 높이 쌓여 야산을 방불케 했다. 헤라클레스는 외양간의 양쪽 벽을 부수고, 인근 두 강의 물줄기를 끌어 외양간을 청소했다. 약속대로 단 하루만에 청소를 끝냈다.

힘과 용기로 해결했던 다른 과업과 달리 유일하게 지략으로 해결한 과업이었다. 비록 신화이긴 하지만 굳이 오늘날의 시선으로 해석한다면 헤라클레스의 다섯 번째 과업은 환경파괴 그 자체다. 엄청난 양의 가축 분뇨로 강을 오염시켰으니, 그가 과연 반신반인半神半人의 영웅인지 반신반의半信半疑할 지경이다.

우리나라에서는 매년 5,000만 톤의 가축 분뇨가 발생한다. 대부분 퇴비나 액체 비료로 자원화하고, 일부는 정화해서 방류하는 것으로 처리한다. 재활용의 비율이 높다. 반면 인분은 그냥 쓰레기로 버려진다. 우리나라 성인은 하루에 평균 200그램 정도의 똥을 눈다. 평균 수명을 80세로 가정할 때 한 사람이 평생에 걸쳐 약 6톤에 이르는 인분을 생산한다. 이것이 그냥 버려지면서 심각한 환경오염 문제를 야기한다.

실험 결과에 따르면 인분으로 만든 퇴비의 성능은 축산분뇨나 화학비료에 뒤지지 않는다. 가축 분뇨에는 항생제와 성장촉진제, 살충제 등 유해 물질이 들어있지만, 인분은 그렇지 않다. 인분이 재활용되어야 하는 당위가 여기에 있다.

인분은 자연의 순환 리듬을 따르지 않는다. 우리 몸에서 나온 것을 자연으로 돌려보내고, 여러 단계를 거쳐 다시 우리에게 돌아오는 선순환을 해야 하는데, 생산-소비-폐기라는 일직선의 흐름을 탄다. 수세식 변기와 하수처리장이 그 주범이다.

우리가 수세식 변기를 포기하지 못하는 건 편리함 때문이다. 밸브를 누르기만 하면 오염원이 사라지기 때문에 말끔하게 처리했다고 착각한다. 그 오염원이 어디로 가서 어떻게 처리되는지는 생각하지 않는다.

근래 들어 수세식 화장실이 차단한 유기물의 순환 고리를 이으려는 움직임이 일어나고 있다. 소위 '생태 화장실'을 만들어 사용하는 사람이 부쩍 많아졌다. 명태 아니고 생태다. 생태 화장실은 자연친화적 방식이라는 대전제에서 출발해 인간의 배설물을 퇴비로 바꾸어주는 화장실이다.

생태 화장실에서는 변기의 구조를 잘 설계해서 대소변을 분리한다. 대변은 톱밥이나 낙엽, 왕겨, 나뭇재로 덮는다. 그러면 냄새가 나지 않을 뿐 아니라 산소가 충분히 공급되어 자연 발효가 잘 된다. 소변에도 톱밥을 덮어 암모니아 냄새를 억제하고 발효를 돕는다. 간단하다.

생태 화장실에는 몇 가지 장점이 있다. 첫째, 물의 소모를 최소화하고 장기간 사용이 가능하다. 둘째, 대소변 처리에 전기나 가스를 사용하지 않는다. 셋째, 인분을 퇴비로 재생산함으로써 환경오염을 최소화하고 새로운 가치를 창출한다. 물론 단점도 있다. 사실 이것이 치명적인데, 수세식 변기에 익숙한 우리에게는 너무, 아주, 매우 불편하다는 것이다.

    2024년에 편의점 CU가 친환경 소비 문화 확산을 위해 이색적인 친환경 상품을 내놔 눈길을 끌었다. 소금, 화장품, 비누, 고체 치약, 대나무 칫솔 등의 생필품과 함께 생태 화장실, 빗물 저장 탱크 등이 선보였다. 전원생활을 꿈꾸거나 주말농장을 운영하는 트렌드를 겨냥한 상품이었다. 농막에 수세식 화장실을 설치하려면 수도시설과 정화조 설치를 위한 공간이 필요하고, 지자체에도 별도의 신고 절차를 밟아야 한다. 반면, 생태 화장실은 가로 1.2미터, 세로 1.35미터의 공간만 있으면 어디든 설치가 가능하다. 편의점이 지구를 지키는 시대가 되었다. 누가 감히 편의점을 불편하다 했나?

 몇 해 전 지인의 초대로 농막에서 이틀을 머문 적이 있다. 그는 화장실을 찾는 나를 생태 화장실로 안내했다. 화장실 입구에는 그가 대충 휘갈겨 쓴 화장실 사용법이 걸려 있었다.

   ① 옷을 내린다. ② 싼다. ③ 화장지는 옆에 있는 휴지통에 버린다. ④ 옷을 입는다. ⑤ 삽으로 톱밥을 뿌린다. ⑥ 뚜껑을 닫

는다. ⑦ 휘파람 불며 나온다.

그리 어려운 일은 아니었지만 처음 대하는 생태 화장실은 어색하고 불편했다. 대충 똥만 싸고 나와 소변은 화장실 뒤편에 싸질렀다. 그 후 그의 초대는 일절 거절했다.

'인류세人類世'란 말이 있다. 2000년에 만들어진 신조어다. 세금 아니다. 인류 문명의 발전으로 인한 지구 환경의 극적인 변화를 강조하고자 제안된 지질시대의 구분 명칭이다. 프레온 가스가 오존층을 파괴한다는 것을 밝혀 노벨 화학상을 받은 네덜란드의 화학자 파울 크뤼천이 처음 그 용어를 사용했다. 쉽게 말해, 수천 년, 혹은 수만 년 뒤에 땅을 팠을 때 오늘날 인류의 생활을 엿볼 수 있는 토양층이 인류세다.

인류세란 이름으로 인류가 지구에 남긴 강력한 흔적은 세 가지로 요약된다. 첫째, 핵 실험으로 생긴 방사성 낙진이다. 히로시마 원폭 투하 이후 꾸준히 이어온 핵 실험의 후유증은 지질층에 선명한 흔적을 남겼다. 또한 깨끗하고 싼 자원이란 명목으로 핵에너지를 포기하지 않는 나라가 많다. 우리나라도 그렇다.

둘째, 플라스틱이다. 플라스틱이 최초로 등장한 1930년대 이후 불과 100년도 안 되는 짧은 기간 동안 플라스틱은 유리, 나무,

종이, 철, 섬유 등 대부분의 재료를 대체해버렸다. 작가 이동학은 '왜 지구의 절반은 쓰레기로 뒤덮이는가'라는 화두를 던지고 『쓰레기책』을 썼다. 제목을 잘 봐야 한다. 쓰레기 같은 책이 아니다. 이 책에서 그는 범람하는 플라스틱의 폐해를 나열하고, 특히 우리는 미세 플라스틱 먹방을 하고 있다고 일갈했다.

인류세의 세 번째 흔적은 닭뼈다. 세계적으로 한 해에 소비되는 닭은 무려 650억 마리다. 우리나라는 2021년 기준 한 해에 10억3천5백만 마리의 닭을 도축했다. 지구에는 무수한 닭뼈가 쌓이고 있다. 오죽하면 미국 가금류 협회 United Poultry Concerns에서 '국제 닭 존중의 날'을 만들었을까. 매년 5월 4일이다.

나는 위 인류세의 흔적 세 가지에 인분을 추가하고 싶다. 지구상의 모든 사람이 하루에 싸는 똥은 무려 3억 톤이 넘는다. 화투에서 싸는 똥은 제외하고도 그렇다. 그럼에도 불구하고 전 세계 인류 중 45억 명이 깨끗한 화장실을 갖추지 못하고 있다.

후진국에서는 인분이 포함된 하수의 90퍼센트 이상이 제대로 처리되지 못하고 호수와 강, 바다로 버려진다. 비록 우리에겐 불편할지언정 누군가에게 생태 화장실은 생존의 문제일 수 있다. 미래에 그 어떤 혁신적인 화장실이 구현되더라도 방점은 생태에 찍혀 있을 것이라 믿는다. 아니, 꼭 그래야 한다.

41
창문을 넘어
옴니프로세서 물과 후쿠시마 오염수

일본에서 후쿠시마 원전 오염수를 방류하기로 결정한 이후 여당 국회의원들이 노량진 수산시장을 찾았다. 국내 수산물 소비가 위축될 것을 우려한 소상공인들을 응원한다는 취지였다. 거기까지는 좋았다. 그런데 김○○ 의원이 느닷없이 수조물을 떠먹는 웃지 못할 촌극이 빚어졌다. 옆에 있던 류○○ 의원도 김 의원의 권유에 수조물을 떠 마셨다. 이후 그들은 수조에 있는 물을 마시면 오염수 방류를 걱정하는 국민들의 불안이 해소되는 거냐는 비난에 직면했다. 이래서 국회의원을 경험한 코미디언

이주일이 "정치는 코미디"라고 했을까.

2015년 1월, 마이크로소프트 창업자 빌 게이츠는 옴니프로세서Omniprocessor로 만든 물을 직접 마시는 영상을 자신의 블로그에 공개했다. 옴니프로세서는 대변이나 소변 같은 오물이 섞여 있는 폐수를 먹을 수 있는 물로 바꿔주는 설비다. 옴니프로세서가 인분을 정화해 배출한 물을 마신 게이츠는 "다른 물처럼 맛이 좋다. 매일 마실 수 있을 정도로 안전하다."라고 소감을 밝혔다.

설비 안으로 인분이 들어가게 되면 1,000도 이상의 고온이 가해지면서 인분 안에 포함되어 있던 수분을 증발시킨다. 그 후 증발된 수증기는 냉각 과정을 거쳐 응결되면서 깨끗한 식수로 변하게 된다. 수분이 증발된 인분 덩어리는 용광로에서 태워 증기를 발생시키고, 여기서 생긴 증기로 터빈을 돌려 전기를 생산한다. 마지막으로 재가 된 배설물은 냄새와 병원균이 없는 청결한 비료로 변신한다.

빌 게이츠와 그의 아내 멀린다 게이츠가 자선사업에 뛰어들게 된 것은 우연히 읽은 기사 때문인 것으로 알려져 있다. 오염된 물로 인해 매년 수백만 명의 어린이들이 설사로 죽는다는 내용이었다. 빈곤한 나라에 태어났다는 이유만으로 쉽게 생명을 잃는다는 사실에 게이츠 부부는 무언가를 해야만 한다는 의무감을 느꼈다고 한다.

충분한 하수 및 정화 시설이 없는 빈곤 국가에서는 배설물을 제대로 처리하지 못해 토양과 물을 오염시킨다. 오염된 물을 마신 아이들은 바이러스로 인해 병이 들거나 죽는다. 이런 악순환을 해결하기 위해 게이츠는 7년간 2억 달러를 투자해서 옴니프로세서를 개발했다. 옴니프로세서는 미국 시애틀에 본사를 둔 재니키 바이오에너지Janicki Bioenergy가 개발하고 디자인했으며, 게이츠 재단으로부터 투자를 받았다. 전력과 정화 시설 없이 배설물을 깨끗하게 처리할 수 있는 화장실을 개발하려는 각고의 노력이 만들어낸 결과물이었다.

> "현재의 기기는 한 번에 10만 명의 배설물을 처리해 하루 8만 6천 리터의 식수와 250킬로와트의 전기를 생산해낼 수 있습니다. 가난한 국가의 모든 도시의 위생을 개선시키는 것이 진정한 목표입니다."

물론 한계도 있다. 초기 건설 비용이 많이 들고, 전문기술자가 없는 경우 현지에서 유지하고 관리하기가 힘들다. 또 분뇨를 모아 이 시설이 있는 곳으로 운반해 올 하수관이나 도로 등 기반 시설이 갖추어져 있어야 한다.

그럼에도 불구하고 세계 최고 부자 빌 게이츠의 저개발국가를 향한 시선은 매우 값지다. 옴니프로세서가 처리한 물을 마시는 게이츠의 모습과 수조물을 마시는 국회의원의 행위극을 자꾸 겹쳐 생각하게 된다. 같은 물 먹방인데도 그 품격이 이토록 다를까. 100세 노인 알란 칼손이 창문을 넘어 도망쳐 온갖 모험을 경험하듯, 창문Windows을 넘어 또 다른 도전에 나선 빌 게이츠의 활약에 박수를 보낸다.

42
산장소행
세계 최초 달 위에서 소변을 본 사람은?

남자 고등학교에 근무했던 초임 시절의 이야기다. 우주와 별에 관심이 많은 학생 십여 명과 함께 천문관측 동아리를 만들었는데, 낮에는 책을 읽으며 이론을 학습하고, 야간에는 학교에서 망원경으로 밤하늘을 관측하는 게 주 활동이었다. 그러다가 학생들에게 진짜 별을 보여주고 싶은 생각이 들어 무박 2일의 별 관측 프로그램을 짰다. 높은 산 정상에 있는 산장을 예약했다. 한껏 들뜬 학생들은 먹을 것을 잔뜩 챙겨 고된 산행도 마다하지 않았다.

마음씨 좋게 생긴 노인이 큰 개 한 마리를 데리고 산장을 지키고 있었다. 산장은 금방이라도 쓰러질 듯 누추했다. 그래도 나름 방과 평상이 구비되어 있었고, 마당도 제법 넓었다. 마당 한구석에는 푸세식 화장실이 있었는데, 악취가 심했고 파리가 많았다. 학생들은 집 주위에서 오줌을 해결했고, 큰 볼일은 애써 참는 눈치였다.

7월의 맑은 밤하늘은 별을 보기 좋았다. 그러나 학생들은 별을 볼 생각은 않고, 삼겹살을 굽고 라면을 끓여 배를 채웠다. 밤이 이슥해지자 전부 방과 평상에 널부러져 잠에 빠졌다. 나는 경이로운 별의 만찬을 즐기다가 새벽녘이 되어서야 잠자리에 들었다.

우리를 깨운 건 산장 주인의 걸걸한 목소리였다. 그는 벌게진 얼굴로 마당 한 편을 가리켰다. 거기엔 누군가가 밤에 싸놓은 똥이 있었다. 그 황톳빛 똥은 코브라처럼 똬리를 틀고 있었다. 피리를 불면 금방이라도 일어나 춤을 출 것 같았다. 주인은 산장을 더럽혔다며 학생들에게 개 같은 놈이라 성을 냈고, 학생들은 아무도 그런 짓을 하지 않았다며 개가 그런 것이라고 주장했다.

개같은 놈이 그랬다면 개가 그랬을 수도 있다는 말 아닌가. 주인의 말은 자가당착으로 들렸다. 객관적으로 봐도 그건 사람의 것이라고 하기엔 부피가 컸고, 주위엔 휴짓조각 하나 보이지 않았다. 주인은 삽으로 똥을 퍼 산 아래로 던져버리고 침을 진하게 뱉었다. 우리는 별 보러 왔다가 똥만 보고 하산했다.

우리나라 조상들이 만들어 놓은 고유의 별자리에는 다양한 직업과 다양한 장소가 묘사되어 있다. 힘세고 오만하며 질투심 많은 신들의 이야기가 가득한 서양의 별자리와 달리, 우리나라 별자리는 사람들이 살아가는 세상을 그대로 옮겨 놓았다. 당연히 화장실도 있다. 이를 '측간 별자리'라고 하는데, 사각형 그릇을 닮은 네 개의 별이다. 측간 별자리가 보이지 않으면 안 좋은 일이 생길 거라고 믿었다.

측간 별자리 오른쪽에 있는 두 개의 별은 '측간 가리개 별자리'라고 한다. 또 측간 별자리 아래쪽에 있는 별은 '똥별'이라 불렀다. 똥별이 노랗게 빛을 발하면 사람들은 농사가 잘될 조짐으로 여겼다.

화장실은 우주 비행선에도 있다. 물론 처음부터 화장실이 있었던 건 아니다. 1961년 미국 최초의 유인 우주선 프리덤 7호에는 화장실이 없었다. 불과 15분의 탄도비행이 예정되어 있었기 때문이었다. 탑승한 우주 비행사는 앨런 셰퍼드였다. 개 이름이 아니다.

구름이 잔뜩 낀 날씨와 기계적 문제로 인해 셰퍼드는 발사대에서 네 시간을 기다려야 했다. 예기치 않게 소변이 마려워진 그는 통제실의 허락을 받아 우주복 속에 오줌을 지렸다. 온갖 모니터가 연결된 우주복을 벗었다가 다시 입으려면 많은 시간이 걸려 발사 시간을 맞추기 어려운 탓이었다. 이 사건을 계기로 우주 비행선에 배설물을 처리하는 시설이 갖추어지기 시작했다.

1965년에 발사된 제미니 7호에서는 비닐봉지에 대변을 모으고 일회용 물티슈로 뒤처리를 했다. 비닐봉지에 대변을 담는 게 싫었던 우주인 보먼은 다른 방법을 택했는데, 이는 2주로 예정된 미션 기간 동안 배변을 참는 것이었다고 한다. 결국 보먼의 도전은 9일 만에 끝이 났다. 우주선에서의 배변 문제가 얼마나 고역이었는지를 상징적으로 보여주는 일화라 하겠다.

오늘날 우주선의 화장실은 진공청소기처럼 흡입 장치를 이용해 대소변을 빨아들인다. 짧은 시간 내 지구로 귀환하는 우주선의 경우, 대변은 비닐봉지에 밀봉하여 지구로 가져오고, 소변은 우주공간으로 방출한다. 우주로 퍼져나간 소변은 영하 270도의 온도에 바로 얼어붙어 오로라를 방불케 하는 장관을 연출한다.

국제우주정거장처럼 장기간 머무는 경우 대변은 밀봉해 화물용 캡슐에 보관했다가 우주 쓰레기를 버릴 때 함께 처리한다. 우주 쓰레기를 실은 화물선은 대기권에서 불타버리도록 궤도를 정확히 맞춰서 발사된다. 소변은 생명유지시스템을 연결해 재활용한다. 호흡이나 땀으로 배출된 수분, 세면 후 남은 물, 실험용 동물의 소변까지 정화해 식수로 사용한다. 최근에는 물의 정화율이 98퍼센트까지 높아져, '어제 마신 커피는 내일 마실 커피'라는 말도 있다.

최초로 달에 발을 디딘 닐 암스트롱의 뒤에 가려져 만년 2인자로 잊혀진 버즈 올드린에 관한 재미있는 이야기가 있다. 달에서 크게 찍힌 사진 속 우주인은 암스트롱이 아니라 올드린이다. 비록 암스트롱에 이어 두 번째로 달을 밟았지만, 그는 이색적인 이력으로 최초란 타이틀을 갖고 있다.

그는 훗날 『지구로의 귀환』이라는 책에서 그 내용을 공개했다. 평소에 신장이 좋지 않았던 그는 달 표면을 유영하면서 신호를 느껴 그만 우주복을 입은 채로 소변을 보았다. 세계 최초로 달 위에서 바지에 오줌을 싼 사람이었다.

별이 잘 보이지 않는 도심이지만 가끔 밤하늘을 올려다본다. 그 옛날 시인 윤동주가 추억과 사랑과 쓸쓸함과 동경과 시와 어머니를 헤아렸던 그 별들이 희미하게 보인다. 밤하늘엔

우리 조상들이 그려놓은 이야기가 장대하게 흐르고, 또 어디에선가 우주인들이 배설에 힘겨워하고 있을 것이다.

경이로운 밤하늘을 보면서도 나는 여전히 그때 '산장'에서 있었던 더러운 사건을 잊지 못한다. 과연 그 똥은 누가 쌌을까? 개가 그랬을까, 아니면 주인의 말대로 개 같은 놈의 '소행'이었을까?

43
데몰리션맨과 걸리버가 경험한 세상
미래의 화장실

실베스터 스탤론 주연의 미국 SF 영화 〈데몰리션 맨〉은 1993년에 개봉해 흥행에 성공했다. 극 중 경찰이었던 그는 업무상 과실치사 혐의로 체포되어 냉동 감옥에 수감된다. 악질 범죄자를 잡기 위해 가석방되어 해동되는데, 2032년의 미래다. 화장실에 다녀온 스탤론이 화장실에 있는 조개껍데기 3개를 어떻게 사용하는 것인지 묻는 장면이 나온다. 사용하는 방법에 대해서는 따로 언급되지 않는다.

각본을 쓴 대니얼 워터스의 후일담에 따르면, 그는 미래사회의 화장실을 보여주고자 했으나 마땅한 아이디어가 떠오르지 않았다고 한다. 그래서 동료 각본가 친구에게 전화로 아이디어를 요청했는데, 때마침 친구는 화장실에서 볼일을 보며 전화를 받았다. 친구는 자신의 화장실에 조개껍데기 장식이 있다고 말했고, 워터스는 이를 소재로 활용했다. 역시나 구체적인 사용법은 함구했다. 아마 본인도 그에 대해 생각해 본 바 없을 것이다.

1596년에 영국의 존 해링튼John Harrington이 최초로 수세식 변기를 고안하고, 1775년에 영국인 알렉산더 커밍Alexander Cumming이 개선된 수세식 변기를 만들었다. 성능과 오물 처리 방법에 있어 많은 향상이 있었지만, 현재 우리가 사용하는 수세식 변기는 250여 년 전과 크게 달라지지 않았다. 오늘날 전 세계적으로 양변기 물을 내리는 데만 하루에 1,410억 리터 이상의 물을 사용하고 있어 '물 먹는 하마'라 불리기도 한다. 미래엔 어떤 모습으로 탈바꿈되어 있을까?

중국계 디자이너가 만든 물방울 모양의 변기가 미래형 화장실로 각광을 받은 적이 있다. 사람의 손동작을 감지해 소변기나 좌변기로 변신하고, 자동으로 세척과 소독을 한다. 볼일을 마치면 변기 덮개가 자동으로 닫혀 다시 물방울 모양으로 돌아간다. 벌써 10년도 더 지난 2013년의 일이다. 당시엔 놀라움을 안겼지만,

요즘의 시각으로 보면 초보적 단계의 기술을 구현한 것에 지나지 않는다.

주치의 역할을 하는 변기도 있다. 변기에 사물인터넷 기술을 접목해 혈당, 혈압, 심박수, 알코올 수치, 체지방 등 각종 건강 정보를 제공한다. 다소 결은 다르지만 조너선 스위프트가 1726년에 발간한 풍자 소설 『걸리버 여행기』에도 이와 비슷한 이야기가 등장한다. 〈하늘을 나는 섬의 나라〉 제6장에서 걸리버는 그 나라의 아카데미를 방문하고 나서 이렇게 말한다.

> 어떤 교수는 정부에 대한 반란의 음모를 사전에 발견할 수 있는 지침서를 보여주었다. 그의 말에 따르면 정치가는 의심나는 사람들의 음식, 식사 시간, 침대에서 눕는 방향, 대변을 엄밀하게 조사하여 대변의 색과 냄새, 맛, 그리고 소화가 잘된 것인가를 판단하면 그 사람들의 생각이나 계획을 알아낼 수 있다는 것이다. 왜냐하면 사람이 변기에 앉을 때면 언제나 진지하고, 생각이 깊고, 열심이기 때문이다.

300년 전에 대변에 대해 이런 상상을 했다니, 조너선 스위프트는 분명 천재다.

적외선 카메라로 홍채를 인식해 화장실을 사용하는 사람이 좋아하는 음악을 틀거나 뉴스와 각종 정보를 음성으로 전달할 수도 있다. 물 한 방울 사용하지 않고 흡입해 전기나 가스 등 에너지로 재생산하는 친환경 재생 기술도 이미 개발되어 있다. 여러 가지 이유로 상용화되지 않았을 뿐이다. 화장실의 놀라운 변신을 보고 놀랍다는 반응과 함께 그런 화장실을 가지려면 돈 많이 벌어야겠다는 냉소적 댓글이 달렸다.

2007년 6월에 스티브 잡스가 처음으로 아이폰을 출시한 이래 우리의 생활은 큰 변화를 겪었다. 처음엔 전화기에 인터넷 기술이 왜 필요하냐고 거부감을 표시하는 사람들도 있었다. 불과 몇 년 지나지 않아 스마트폰은 사람들을 중독에 빠뜨렸다. 이제 스마트폰으로 하는 기능 중 통화의 비중은 가장 낮다. 미래에 화장실이 어떤 모습으로 다가올지 아무도 모른다. 스마트폰처럼 혁신의 아이콘으로 다가와 우리를 중독시킬 수도 있다.

행정안전부와 화장실시민연대가 공동으로 주관하여 개최하는 '아름다운 화장실 대상' 공모전이 있다. 안전하고 쾌적한 화장실 문화를 조성하기 위해 1999년부터 매년 시행되고 있다. 공중화장실의 경우 법률에 적합한 설치기준 충족, 청결 유지 및 관리, 장애인과 사회적 약자를 위한 편의 증진, 에너지 절약 등 탄소배

출 줄이기 동참, 지역 특성 등을 반영한 디자인 창의성 등 5개 분야로 평가가 진행된다. 민간화장실은 청결 유지 및 관리, 위급상황 발생을 대비한 안전관리, 정부 화장실 관리 정책 협조 등으로 평가한다. 화장실이 아름다울 수 있다는 것 자체가 이미 도래한 미래다.

   초등학교에 다닐 때 겨울이 되면 어머니는 빨랫감을 한 보따리 싸 들고 외삼촌 댁을 방문하곤 했다. 달동네에서 수도가 얼어 물이 나오지 않는 일이 잦았기 때문이다. 외삼촌네는 아파트에 살았는데, 당시에 귀했던 세탁기도 있었다. 아파트에 사는 사람들은 모두 부자인 줄 알았다.

 나는 그 집에서 처음으로 수세식 변기를 사용했다. 사용법을 몰라 엉덩이를 엉거주춤 들고 볼일을 보았다. 그러고 있노라면 허리가 아프고 다리에는 쥐가 났다. 차라리 쪼그려 앉아 볼일을 보던 푸세식 변소가 더 편했다. '부자들은 불편하게 볼일을 보는구나.'라고 생각했다.

 한 날은 급똥이 마려워 노크도 않고 화장실 문을 열었다. 볼일을 보던 중학생 외사촌 누이가 당황해하며 비명을 질렀다. 화급히 문을 닫았다. 볼일을 보던 누이를 보고 급똥의 와중에도 세 가지 큰 깨달음을 얻었다. 첫째, 수세식 변기는 앉아서 볼일을 본다는 것이었다. 신기했다. 둘째, 누이는 볼일을 보며 책을 읽고 있었는데, 화장실이 볼일을 보면서 무언가 생산적인 일을 할 수 있는 공간일 수 있다는 걸 처음 알았다. 세 번째 깨달음이 가장 크게 와닿았다. 내가 이미 바지에 똥을 싸기 시작했다는 것이다.

얼지 않는 수도는 부럽지 않았으나 수세식 화장실은 탐났다. 나이 서른에 수세식 화장실이 있는 집으로 이사하면서 꿈은 이루어졌다. 지금은 워낙 게으른 성정 탓에 청소하지 않고도 사용할 수 있는 화장실을 꿈꾼다. 미래의 화장실, 별거 아닐 수도 있다. 이미 존재하지만, 아직 갖지 못한 것이 미래일지도 모른다.

참고 문헌

고관수, 『세균과 사람』, 사람의무늬, 2023.
공윤희, 윤예림, 『오늘부터 나는 세계 시민입니다』, 창비교육, 2023.
김봉중, 『요즘 어른을 위한 최소한의 전쟁사』, 빅피시, 2024.
김성호, 『똥 묻은 세계사』, 다림, 2022.
김정운, 『가끔은 격하게 외로워야 한다』, 21세기북스, 2016.
닉 헤즐럼, 『화장실의 심리학』, 김하현 옮김, 시대의창, 2018.
로즈 조지, 『똥에 대해 이야기해봅시다, 진지하게』, 하인혜 옮김, 카라칼, 2020.
박숙현, 『지구를 살리는 자원순환 환경수업』, 한언, 2024.
박주운, 『콜센터 상담원, 주운 씨』, 애플북스, 2020.
알렉산더 K. 데이비스, 『화장실 전쟁』, 조고은 옮김, 위즈덤하우스, 2024.
에바 뉴먼, 『세계 화장실 엿보기』, 김은정 옮김, 경성라인, 2002.
양철우, 『수세식 화장실의 발명』, 교학사, 2001.
이동학, 『쓰레기책』, 오도스, 2022.
이상정, 『호모 토일렛』, 이지출판, 2012.
이순희, 『빌 게이츠의 화장실』, 빈빈책방, 2019.
이안, 『화장실과 똥』, 지학사, 2022.
이영숙, 『변기에 빠진 세계사』, 자음과모음, 2021.
이철호, 『화장실과 인권』, 21세기사, 2022.
장보웅, 『동서 고금의 화장실 문화 이야기』, 보진재, 2001.
조너선 스위프트, 『걸리버여행기』, 신현철 옮김, 문학수첩, 2000.
조의현, 『세상의 모든 변화는 화장실에서 시작된다』, 이담북스, 2018.
조재원, 장성익, 『이것은 변기가 아닙니다』, 개마고원, 2021.
조지무쇼, 『세계사를 바꾼 10가지 감염병』, 서수지 옮김, 사람과나무사이, 2021.
줄리 L. 호란, 『1.5평의 문명사』, 남경태 옮김, 푸른숲, 2002.
한국노동안전보건연구소, 『여성노동자 일터 내 화장실 이용 실태 및 건강영향 연구』, 2021.
허정림, 『인류세 쫌 아는 10대』, 풀빛, 2023.

참고 사이트

거머리보감, blog.naver.com/leechland/220673542592

건축사뉴스, a-news.kr/news/articleView.html?dxno=1126

경향신문, khan.co.kr/local/local-general/article/202306192141005

관명, blog.naver.com/lot3355/22511867243

국제신문, kookje.co.kr/news2011/asp/newsbody.asp?code=0200&key=20231101.99099000009

김진솔, astronomer.rocks/news/articleView.html?dxno=85881

나무위키, namu.wiki/w/샘(마르셀%20뒤샹)

나무위키, namu.wiki/w/앨런%20세퍼드

노컷뉴스, nocutnews.co.kr/news/6075771

레디앙, redian.org/news/articleView.html?idxno=152824

말괄량이, blog.naver.com/wowmon/221716628403

매일경제, news.mk.co.kr/newsReadPrint.php?year=2009&no=335337

사이언스 투데이, m.science.ytn.co.kr/program/view.php?s_mcd=0082&key=20230731212509732

서울과기대신문, times,seoultech.ac.kr/reports/?category=128&idex=21259

서울신문, seoul.co.kr/news/society/2023/02/22/20230222500055

스쿨잼, blog.naver.com/PostView.nhn?blogId=naverschool&logNo=220994919779

시민의소리, siminsori.com/news/articleView.html?idxno=68617

시사N라이프, sisa-n.com/View.aspx?No=3128233

시사저널, sisajournal.com/news/articleView.html?idxno=95993

오마이뉴스, ohmynews.com/NWS_Web/View/at_pg.aspx?CNTN_CD=A0000175891

조선일보, chosun.com/site/data/html_dir/2017/09/14/2017091402874.html

중앙일보, joongang.co.kr/article/22894425#home

칼맨, m.blog.naver.com/ricementor/220673779001

파이낸셜 리뷰, financialreview.co.kr/news/articleView.html?idxno=24965

한국장애인고용공단, post.naver.com/viewer/postView.nhn?volumeNo=23443944&memberNo=3501412